OEUVRES
DE
CRÉBILLON.

TOME I.

Se vend
Chez Blankenstein, libraire, quai Malaquai, n° 1.

OEUVRES

DE

CRÉBILLON.

....

TOME PREMIER.

PARIS.

IMPRIMERIE DE P. DIDOT L'AINÉ.

M. DCCCXII.

NOTICE
SUR CRÉBILLON.

Prosper Jolyot de Crébillon naquit à Dijon, le 13 février 1674, de Melchior Jolyot, greffier en chef de la chambre des comptes de cette ville, et de Genevieve Caguard, fille d'un lieutenant-général de Beaune.

On ignore le détail de ses premieres années; on sait seulement qu'il fit ses humanités au college des jésuites de Dijon*, et son droit à Besançon; il fut

---

* L'abbé d'Olivet racontoit que, parlant avec Crébillon de leurs premieres classes, il lui dit que les jésuites avoient coutume d'exprimer par des épithetes, sur la liste de leurs écoliers, à côté de chaque nom, leurs bonnes et mauvaises qualités. Crébillon parut curieux de savoir quelles épithetes on lui avoit données: l'abbé d'Olivet lui proposa, pour satisfaire sa curiosité, d'écrire au célebre P. Oudin, à Dijon: Crébillon y consentit. Le P. Oudin consulta les catalogues. Après Prosper Jolyot de Crébillon, il trouva ces mots: *Puer ingeniosus, sed insignis nebulo;* enfant plein d'esprit, mais un franc polisson. Le P. Oudin l'écrivit à l'abbé d'Olivet, qui lut la réponse du jésuite en pleine académie, avant que la séance commençât. Crébillon éclata de rire à la derniere qualification; il étoit enchanté de cette découverte, et la racontoit à tout le monde.

ensuite reçu avocat au parlement. Son pere, qui vouloit lui faire avoir sa charge, le mit à Paris chez un procureur. Celui-ci, homme d'esprit (fils d'un nommé Prieur, à qui Scarron a adressé une épître) s'aperçut bientôt des dispositions de Crébillon pour le théâtre, lui conseilla d'entreprendre une tragédie. Crébillon, qui n'avoit d'autres garants de son talent pour la poésie que quelques chansons, qu'il ne prisoit guere, se révolta d'abord contre cette proposition : mais le procureur vint à bout de le persuader; et le poëte choisit pour son coup d'essai le sujet de la mort des enfants de Brutus. Il présenta la piece aux comédiens, qui la refuserent.

Désespéré de l'affront qu'il croyoit avoir reçu des comédiens, Crébillon ne rentra chez son procureur que pour se plaindre, et jura de ne faire de vers de sa vie. Prieur essuya d'abord le premier feu; puis, aidé de l'impulsion secrete qui portoit ce poëte vers le théâtre, il le ramena insensiblement à commencer une autre piece. Ce fut Idoménée, représentée, pour la premiere fois, le 29 décembre 1703, et reçue assez favorablement. Le dernier acte cependant ne fut pas goûté à la premiere représentation; Crébillon en fit un autre, qui fut composé, appris, et joué en cinq jours: c'est l'acte qui est resté.

Il donna Atrée en 1707. Son procureur, alors fort malade, se fit porter à la premiere représentation; et Crébillon étant allé le voir dans sa loge, à la fin du spectacle, Prieur lui dit en l'embrassant : « Je meurs content, je vous ai fait poëte, et je « laisse un homme à la nation. »

Melchior Jolyot n'étoit pas aussi satisfait que Prieur de ce que son fils étoit poëte. Dès Idoménée il en avoit marqué son mécontentement; et le succès d'Atrée ne l'avoit pas ramené sur cet article. Le pere et le fils se brouillerent donc; mais ce qui, selon toute apparence, contribua encore plus à entretenir cette désunion, c'est que Melchior, ayant perdu sa femme, s'étoit remarié; et ce second mariage avoit fort déplu à son fils. D'ailleurs, Crébillon, né avec peu d'ordre dans ses affaires et beaucoup de goût pour la dépense, avoit fait en Bourgogne différents voyages très onéreux à son pere. Toutes ces causes réunies entretinrent la mes-intelligence; et une derniere circonstance acheva de les brouiller. Crébillon venoit de se marier sans consulter son pere; il avoit épousé Charlotte Péaget, fille d'un apothicaire de Paris, dont il étoit vivement épris : cet amour et la vertu de Charlotte l'emporterent sur toute autre considération ; mais le pere, outré de cette alliance, déshérita son fils, qui ne s'en appliqua que plus à la poésie.

Sur la fin de l'année 1707, Crébillon perdit son pere. Ce dernier, avant que de mourir, avoit révoqué l'exhérédation ; mais ce qui restoit fut vendu, ou mis en décret. Crébillon ne trouva dans la perte de sa fortune qu'une raison de plus de chercher des ressources dans ses talents : il donna Électre en 1708, et Rhadamisthe et 1711.

Jusque-là les pieces de Crébillon s'étoient assez rapidement succédées ; mais ce poëte aimoit le plaisir, et ses succès l'avoient jeté dans le plus grand monde : il ne pouvoit donc plus donner beaucoup de temps au travail. Ceux qui ont dit que, pour faire des vers, il étoit obligé de fermer ses fenêtres en plein jour, et d'allumer des bougies, ne l'ont pas connu. Il est vrai que quelquefois, en composant, il s'agitoit et se promenoit avec vivacité. On raconte que Duverney, célèbre anatomiste, logeant au Jardin du Roi, dont Crébillon recherchoit la solitude, lui avoit donné une clef des petits enclos qu'on y voyoit alors. Le poëte travailloit à son Rhadamisthe. Croyant n'être vu de personne, il avoit quitté son habit, et, possédé de sa verve, il marchoit à pas inégaux et précipités, et poussoit des cris effroyables. Un jardinier, qui l'observoit, persuadé que cet auteur, qu'il ne connoissoit pas, étoit ou un insensé ou un homme chargé de quelque mauvaise affaire, alla sur-le-champ avertir Duverney. Celui-ci accourut aussitôt, et rit beaucoup de la méprise du jardinier.

L'éclatant succès de Rhadamisthe combla de gloire son auteur, à qui sa célébrité procura de très utiles amis. Tel fut, entre autres, le baron Hoguer. Dans le poste qu'il occupoit alors en France, il auroit fait à Crébillon une fortune aussi solide que brillante, si celui-ci eût jamais pu songer à l'avenir. Le régent lui-même, qui l'honoroit de sa bonté, les freres Pâris, d'autres personnes encore, ont vainement tenté de le rendre heureux de ce côté-là.

La tragédie de Xerxès parut en 1714, et ne fut jouée qu'une fois. Les comédiens voulurent en continuer les représentations, et la firent afficher pour le surlendemain. L'assemblée fut nombreuse; mais Crébillon fut inexorable : jugeant son ouvrage aussi sévérement que le public, il le retira. Il n'a fait imprimer cette piece qu'en même temps que Catilina, et telle exactement qu'elle avoit paru au théâtre.

NOTICE

En 1715, l'auteur d'Électre et de Rhadamisthe fut pourvu de l'office de receveur ancien et mi-triennal des amendes de la cour des aides, et en jouit jusqu'en 1721, que cet office fut supprimé. Crébillon étoit si peu occupé de sa fortune, qu'ayant un récépissé de 57,000 liv., avec lequel cette charge lui avoit été remboursée, il le garda jusqu'à ce que ces sortes d'effets fussent, pour ainsi dire, comme proscrits ; et alors il n'en trouva plus que deux cents pistoles. Ayant gagné au système, il lui étoit resté un assez grand nombre de billets ; mais, également incapable de les garder ou de s'en faire des rentes, il les fondit peu-à-peu ; et rien enfin ne lui resta, ni de son bien de patrimoine, ni de celui qu'il avoit acquis.

Sémiramis parut en 1717. Avant que de composer cette derniere piece, le poëte avoit eu l'idée de la tragédie de Cromwel ; mais il n'en a jamais fait que la premiere scene, et la harangue de Cromwel en présentant l'infortuné Charles Ier au parlement pour être jugé. Peu de jours avant sa mort, il les récita à quelques personnes ; et comme on desiroit de les écrire sous sa dictée, il remit à une autre fois. Jamais depuis on n'a pu l'engager à les réciter de nouveau.

Pendant les représentations de Pyrrhus, qui

parut en 1726, Crébillon commença son Catilina. Le premier acte fut fait en moins de six semaines; mais tant de raisons différentes l'empêcherent de travailler à cette tragédie, qu'elle ne parut que vingt-deux ans après, c'est-à-dire à la fin de 1748.

Au mois de septembre de l'année 1731, Crébillon fut reçu à l'Académie françoise, à la place de M. de la Faye, et fit en vers son remerciement; ensuite le récipiendaire récita le premier acte de son Catilina, que l'assemblée écouta avec une sorte de transport.

En 1735, Crébillon, déja nommé censeur royal, le fut aussi pour la police. Le comte de Clermont lui avoit donné un logement dans le palais du petit Luxembourg, qu'il occupoit alors : ce même prince lui continua sa bienveillance jusqu'aux derniers moments de sa vie.

Cependant un homme qui faisoit honneur à la nation languissoit dans une obscurité peu éloignée de l'indigence. Peut-être étoit-ce de sa faute, car il étoit très timide quand il s'agissoit de demander. Sans être né sauvage, il aimoit la solitude ; et des goûts assez bizarres la lui rendoient encore plus chere. D'ailleurs il ne pouvoit pas suivre une affaire, quelque légere qu'elle fût. Avec cette négligence, et une sorte de crainte de se montrer, comment améliorer sa fortune? Au milieu de l'espece d'oubli du monde et de lui-même, il travailloit de temps en temps à sa tragédie, mais avec tant d'indifférence, qu'elle n'eût peut-être jamais vu le jour si la marquise de Pompadour n'eût entrepris de ranimer une muse qui paroissoit totalement éteinte. Le desir qu'elle montra à Crébillon de lui voir finir son Catilina, et les encouragements de toute espece qu'elle lui prodigua, le tirerent de sa léthargie. Catilina enfin, mis en état de paroître lorsqu'on ne l'espéroit plus, fut joué avec beaucoup de magnificence, le roi ayant voulu que tous les habits des acteurs fussent à ses frais. Sa Majesté avoit donné à Crébillon une pension de cent pistoles sur sa cassette, et une place à sa bibliotheque.

Le projet de l'auteur avoit été de mettre Catilina en sept actes, ne croyant pas pouvoir lui donner moins d'étendue. Il entroit dans son plan beaucoup plus de discussions politiques que n'en peut admettre le théâtre, et il devoit y avoir aussi plus d'action. La scene du serment sur le sang humain, qui étoit dans son premier plan, et auroit été d'un effet si terrible, fut supprimée. Ce n'étoit pas que l'auteur ne sentît tout ce qu'il en pouvoit tirer; mais, pour la placer, il auroit fallu retourner tout son plan; et c'est à quoi il ne put se résoudre.

Comme c'étoit à madame de Pompadour que l'on devoit la tragédie de Catilina, ce fut sous les mêmes auspices qu'à l'âge de soixante et seize ans Crébillon commença le Triumvirat, âge où les plus grands hommes sont éteints. Il sentoit le tort que dans son Catilina il avoit fait à Cicéron, et vouloit, disoit-il, le réparer. Il avoit quatre-vingt-un ans lorsqu'il donna cette tragédie.

Après le Triumvirat il en commença une autre toute d'imagination ; elle devoit être intitulée Cléomede. L'auteur n'a point fait de piece où les événements tragiques soient plus accumulés qu'ils paroissoient devoir l'être dans celle-ci. Il n'en a fait que les trois premiers actes, qu'une main infidele et servile lui a dérobés quelques jours avant sa mort.

Crébillon avoit une façon singuliere de travailler ; jamais il n'a écrit le plan d'aucune de ses tragédies, si l'on en excepte Xerxès, qui n'est assurément pas la mieux conduite. Son génie ne souffroit point d'entraves, et plus de méthode l'auroit gêné : il n'écrivoit même jamais ses pieces que lorsqu'il falloit les donner au théâtre. Quand il présenta aux comédiens la tragédie de Catilina, on sait qu'il la leur récita toute de mémoire. Si on lui faisoit quelque critique qu'il crût devoir adopter, l'endroit critiqué s'effaçoit totalement de sa tête, il n'y restoit plus que ce qu'il y avoit substitué. Sa mémoire étoit prodigieuse; jamais il n'a rien oublié de ce qu'il avoit appris.

L'abondance de ses idées lui rendant celles des autres peu nécessaires, il lisoit peu dans ses dernieres années, aimant à s'occuper de ce qu'on appelle *châteaux en Espagne.* Quelquefois, au lieu de se perdre dans ses rêveries, il s'amusoit à composer dans sa tête des romans à la façon de la Calprenede, dont il estimoit les productions; mais comme il n'écrivoit jamais, il n'est rien resté de tout ce que lui offroit alors son imagination.

Depuis plus de cinquante ans Crébillon s'étoit adonné à fumer du tabac, et la quantité qu'il en fumoit en un jour paroîtroit incroyable à ceux qui ne l'ont pas connu : comme il ne pouvoit pas fumer par-tout, il n'alloit volontiers que chez les personnes qui lui accordoient cette liberté; et c'est une des plus fortes raisons qui le faisoient vivre dans la solitude.

Crébillon étoit grand, bien fait, avoit l'air noble, et un très beau caractere de tête, sur-tout quand il l'avoit nue : il avoit les yeux bleus, grands, et pleins de feu; ses sourcils, quoique blonds, étoient fort marqués; il les fronçoit volontiers, ce qui lui donnoit quelquefois un air dur. Quoique né impatient, et même un peu colere, il étoit fort doux, et ceux dont il croyoit avoir le plus à se plaindre rentroient aisément en grace auprès de lui. Il étoit très aisé à vivre, trop peut-être sur la fin de sa vie, que le poids des années, le retenant chez lui, l'avoit rendu peu difficile sur le choix de ses sociétés. Avec l'air sérieux, et même mélancolique, il avoit de la gaîté, et se permettoit des propos très badins, ou quelque chose de plus : mais il haïssoit l'épigramme; et s'il lui en échappoit quelquefois, elles étoient du ton de son esprit, c'est-à-dire fortes et nerveuses. Il méprisoit la satire: « Jugez à quel point elle est méprisable (disoit-il à un jeune homme qui étoit venu lui lire un ouvrage de ce genre), puisque vous y réussissez même à votre âge ». Aussi jamais n'a-t-il écrit contre personne; et on le savoit si bien, que quand il récita ce vers, dans son discours à l'Académie,

Aucun fiel n'a jamais empoisonné ma plume,

le public, par des applaudissements réitérés confirma la justice que se rendoit l'auteur.

Crébillon étoit simple dans ses mœurs. Né sans vanité, il parloit rarement de lui-même, et n'a jamais pu supporter la louange en face. Dans les derniers mois de sa vie, s'étant fait lire ses ouvrages, il n'en dissimula ni les beautés ni les défauts, et se jugea enfin aussi impartialement qu'il jugeoit les autres, conservant jusqu'à la fin de sa vie un sentiment et un tact extrêmement sûrs.

Crébillon ne faisoit jamais de visites, et ne comprenoit pas, disoit-il, comment on pouvoit en faire. Rien aussi n'étoit plus difficile que d'obtenir de lui une réponse quand on lui écrivoit. Tous les petits devoirs de la société lui étoient onéreux; mais il avoit l'équité de ne se pas offenser qu'on s'en dispensât à son égard. La dissipation dans laquelle il vécut, sur-tout après le succès de Rhadamisthe, son silence sur ses propres ouvrages, son ton dans le monde, fort éloigné de celui de ses écrits, la jalousie peut-être de quelques auteurs moins accueillis du public, ont fait dire très long-temps qu'il n'étoit que le prête-nom de ses œuvres: comme on ne pouvoit les attribuer à aucun auteur connu, ce fut à un chartreux qu'on jugea à propos d'en faire les honneurs; et ce chartreux, disoit-on, étoit un de ses parents. Ce bruit assurément étoit dénué de vraisemblance; Crébillon ne connoissoit personne aux chartreux, et son goût pour la solitude ne l'avoit même pas conduit dans leur jardin trois fois en sa vie; mais il n'en éprouva pas moins pendant quelque temps que les bruits les plus mal fondés ne manquent jamais d'être accrédités par la méchanceté, et adoptés par la sottise. Quand on le vit rester sur Catilina, on répandit que le chartreux étoit mort, et que c'étoit la cause du silence de Crébillon; lorsque cette tragédie parut, on n'eut pas la hardiesse de ressusciter le défunt, et la piece resta à son véritable auteur.

Crébillon, étant directeur de l'Académie, eut deux fois l'occasion de haranguer le roi; et il lui parla avec une noble assurance.

Le roi faisoit à Crébillon une gratification annuelle de 600 livres, et une pension de 400 livres sur ses bâtiments : c'étoit pour le dédommager d'un logement qu'on lui avoit donné dans une de ces maisons de la cour du vieux Louvre, abattues depuis pour achever ce superbe palais. Sa Majesté lui accorda encore une pension de 2000 livres sur le Mercure de France.

Crébillon dormoit peu, et le plus souvent à l'heure où les autres veillent : il étoit grand mangeur; mais les aliments les plus simples et même les plus grossiers étoient le plus de son goût : on ne pouvoit être couché plus durement. On lui connoissoit autrefois beaucoup d'amour pour les beaux meubles, et sur-tout pour la parure; qu'on se rappelle ce couplet de Rousseau:

Quel brillant habit, Crébillon, etc.

A la façon dont on l'a vu à sa mort, on n'auroit pas imaginé qu'il eût jamais attaché un si grand prix à toutes ces choses.

Tous les malheureux avoient des droits sur son cœur; les bêtes même, sur-tout si elles souffroient, excitoient sa commisération.

Vingt ans avant sa mort, Crébillon fut attaqué d'un érésypele aux jambes; mais ce mal ne parut d'abord point devoir inquiéter : cependant, sur la fin de décembre de l'année 1761, étant dans une maison d'ami, il tomba dans une espece de syncope qui parut annoncer une dangereuse maladie : en même temps les plaies de ses jambes se fermerent; mais comme cet accident lui étoit déja arrivé plus d'une fois, et n'avoit rien amené de sinistre, le malade ne crut pas devoir s'en inquiéter ni changer de régime; sa santé parut même se raffermir assez pour faire espérer que cette maladie ne seroit pas sa derniere : et peut-être en effet ne l'eût-elle pas été si l'on eût pu le résoudre à se ménager; mais, loin de s'assujettir au régime prescrit, il ne changea rien à une maniere de vivre dans laquelle une longue habitude l'avoit confirmé, et que la force de son tempérament lui avoit jusque-là fait soutenir : aussi son état ne fit-il qu'empirer ; et il mourut, après une agonie assez douce, le jeudi 17 juin 1762, à neuf heures du soir, âgé de près de quatre-vingt-huit ans et demi. Il fut inhumé dans l'église de Saint-Gervais sa paroisse, laissant un fils, à qui, sans les bienfaits du roi, il n'eût resté exactement que le nom de son pere, et sa propre réputation.

ÉPITRE AU ROI

SUR

L'ÉDITION DU LOUVRE.

Sire,

Votre Majesté vient de me faire une grace si peu méritée, que j'ose à peine lui offrir l'hommage de ses propres bienfaits. Témoin des merveilles de votre regne, je devrois rougir de les avoir si mal célébrées, tandis que Votre Majesté daigne immortaliser mes ouvrages. Quel bonheur fut égal au mien? J'ai commencé de voir le jour sous l'empire d'un roi si grand, que, sans son successeur, il n'auroit jamais eu de rival. J'ai vieilli sous les lois du plus aimable et du meilleur de tous les rois; j'ai vu naître, pour ainsi dire, sa gloire; je l'ai vue chaque jour prendre un nouvel éclat, et je la vois enfin consommée par le don d'une paix qui ne peut être envisagée sans admiration, ni oubliée sans ingratitude.

Je suis avec le plus profond respect et la plus parfaite soumission,

SIRE,

DE VOTRE MAJESTÉ,

Le très humble, très obéissant, et très fidele sujet et serviteur,
PROSPER JOLYOT DE CRÉBILLON.

PRÉFACE
DE L'AUTEUR.

J'avois résolu de donner une Dissertation sur la tragédie; mais, depuis quelque temps, il a paru un si grand nombre de discours sur cette matiere déja tant rebattue, et presque toujours sans fruit, que j'ai craint de tomber dans des redites. Jamais les auteurs ne furent mieux instruits des regles et des finesses de l'art; on en peut juger par leurs préfaces: il seroit seulement à souhaiter que les ouvrages qui les occasionnent se ressentissent un peu plus de ces préliminaires si brillants. D'ailleurs, que dirois-je à mes contemporains, qu'ils ne sussent aussi bien que moi? Ceux qui sont doués d'un génie heureux puisent des leçons dans leurs propres talents; ceux qui en sont dénués n'ont besoin que d'un seul précepte, c'est de ne point écrire. On sera peut-être surpris que, dans le cours d'une assez longue vie, je ne me sois point occupé à retoucher mes ouvrages, sur-tout depuis que le roi a daigné en ordonner l'impression à son imprimerie royale; bienfait qui, en me comblant de gloire, seroit seul capable de confirmer le public dans la bienveillance dont il m'a toujours honoré, et dont il m'a donné des marques si particulieres: mais je n'ai jamais eu grande foi aux corrections; la plupart ne sont que des fautes nouvelles: lorsqu'on n'est plus dans la chaleur des premieres idées, on ne peut trop se défier des secondes. Un autre motif m'a engagé à me laisser tel que j'étois quand le public m'a pris sous sa protection; comme je ne me flatte pas de pouvoir devenir un modele, mes défauts pourront servir d'instruction. Peut-être qu'en m'examinant de près, mes successeurs seront à leur tour

PRÉFACE.

tentés de faire l'examen de leur conscience ; ils en sentiront mieux les dangers d'une carriere aussi épineuse que celle du théâtre, quand ils verront qu'un homme né avec une sorte de talent pour la tragédie, et éclairé par les pieces de Corneille et de Racine, n'a pu éviter des écueils que vraisemblablement il devoit avoir aperçus. Je suis d'autant moins excusable que j'ai connu parfaitement les beautés de la tragédie, et que j'ai mieux que qui que ce soit senti mes défauts. Ai-je atteint ce que j'ai si parfaitement connu ? me suis-je corrigé de ce que j'ai si bien senti ? Je n'ai pu me garantir d'un vice qui nous est commun à tous, et qui est la véritable source de nos déréglements poétiques, je veux dire l'impatience, quelquefois l'entêtement, et encore plus souvent l'orgueil. L'impatience n'est pas tout-à-fait sans fondement ; un auteur qui a fait choix d'un sujet, et qui s'est cru obligé de le communi-

PRÉFACE.

quer, ainsi que ses idées, craint qu'on ne le lui vole; et, à la honte des lettres, ces sortes de larcins ne sont que trop familiers, du moins si l'on s'en rapporte à ceux qui revendiquent ce qu'on leur a pris. Mais ces craintes doivent-elles l'emporter sur ce que nous devons au public, et sur ce que nous nous devons à nous-mêmes, et nous engager à précipiter nos compositions? Il vaut encore mieux être pillés que sifflés. Il n'y a pas un défaut dans nos plans dont nous ne soyons frappés les premiers; mais après les avoir bien discutés, nous ne songeons souvent qu'à nous les justifier, flattés du fol espoir de pouvoir les couvrir si bien, qu'on ne s'en doutera seulement pas. Si des amis clairvoyants nous en font apercevoir, nous répondons avec vivacité, que, pour ôter ce défaut prétendu, il faudroit refondre toute la pièce; que Corneille et Racine sont pleins de ces fautes: mais si à la fin on parvient à

PRÉFACE.

nous faire ouvrir les yeux; alors, pour concilier le sentiment de nos amis avec notre amour-propre, nous employons plus d'esprit, d'art, et de temps pour pallier ce défaut, qu'il ne nous en auroit fallu pour faire deux nouveaux actes. Une autre erreur aussi dangereuse pour le moins, c'est de prétendre qu'un défaut qui produit de grandes beautés ne doit pas être compté pour un défaut : je ne l'en trouve, moi, que plus énorme. Dès qu'on est capable d'enfanter de grandes beautés, on ne peut leur donner une source trop pure. Qu'arrive-t-il enfin? les défauts percent, et sont saisis par le public, à qui rien n'échappe; et on ne manque pas de se récrier contre sa dureté. Nous avons tort: l'indulgence du public va jusqu'à l'extrême patience; son amour pour les spectacles lui fait passer bien des choses que nos plus zélés partisans ne nous pardonneroient pas. Si l'on retranchoit de nos pieces tout ce qu'il y a d'inutile, nous mourrions de frayeur à l'aspect du squelette. Que de dissertations, que de métaphysique sur les effets des passions, que leurs seuls mouvemens développeroient de reste, si nous nous attachions purement et simplement à l'action, que nous interrompons sans cesse par des réflexions qui refroidissent également la piece, le spectateur, et l'acteur! A propos de passions, me sera-t-il permis de dire ici deux mots en faveur de l'amour, qu'une morale renouvelée (car elle n'a point le mérite de la nouveauté) veut bannir de la tragédie? Je ne crains pas qu'on soupçonne de partialité sur cet article un homme que l'on n'a point accusé jusqu'ici d'être fort doucereux. Le poëme tragique, supposé que je le connoisse bien, est, pour ainsi dire, le rendez-vous de toutes passions : pourquoi en chasserions-nous l'amour, qui est souvent le mobile de toutes les passions ensemble? Les

PRÉFACE.

cœurs nés sans amour sont des êtres de raison; et je ne vois pas en quoi l'amour, nommément dit, peut dégrader l'honnête homme et le héros. Sophocle et Euripide, dit-on, se sont bien passés de l'amour; c'est un agrément de moins dans leurs ouvrages: ces deux grands hommes ont travaillé selon le goût de leur siecle; nous nous conformons au goût du nôtre. Voudroit-on nous persuader que Corneille et Racine doivent être moins grands pour nous que Sophocle et Euripide ne le furent pour les Grecs? Qui d'entre eux doit nous donner le ton? Que l'on blâme les analyses perpétuelles que nous faisons des sentiments amoureux, ces délicatesses, ces recherches puériles qui affadissent le cœur au lieu de l'émouvoir, et qui enlaidissent l'amour loin de l'embellir, je passe condamnation. Un homme d'esprit a dit:

> Ce n'est point l'amour qui nous perd;
> C'est la maniere de le faire.

PRÉFACE.

Parmi nous, c'est la maniere de l'employer. Ce n'est pas la faute de l'amour si nous le mettons toujours à sa toilette : mais que nous le représentions impétueux, violent, injuste, malheureux, capable de nous porter aux plus grands crimes ou aux actions les plus vertueuses, l'amour alors deviendra la plus grande ressource du théâtre. J'oserai même soutenir qu'il est dangereux de s'en passer, et que, si on venoit à le supprimer, ce seroit priver la tragédie de l'objet le plus intéressant, et le plus capable de bien exercer sa morale.

Quant aux brochures que l'on fait courir contre moi, je ne me pique pas d'y répondre. Les critiques les plus envenimées me font encore beaucoup d'honneur : j'en aurois même remercié leurs auteurs, si j'y avois trouvé des instructions qui puissent m'être de quelque utilité : mais franchement je n'y ai entrevu que le dessein de m'humilier ou de me fâcher. Mes censeurs ont manqué leur coup; la critique n'humilie que les orgueilleux, et ne fâche que les sots : j'aurois presque osé me flatter de n'être ni l'un ni l'autre.

IDOMÉNÉE,

TRAGÉDIE EN CINQ ACTES,

REPRÉSENTÉE, POUR LA PREMIERE FOIS,
LE 29 DÉCEMBRE 1703.

A SON ALTESSE SERENISSIME

MONSEIGNEUR LE DUC.

Toi qui, par mille exploits divers,
Soutiens le poids d'un nom si fameux dans le monde,
Héros, à tes bontés souffre que je réponde,
 Et reçois l'offre de mes vers.
Je méditois en vain de t'en faire l'hommage,
 En vain je me l'étois promis;
Jamais ton nom sacré n'eût paré mon ouvrage,
 Si toi-même ne l'eus permis.
Non; quel que soit pour toi le zele qui me guide,
Quel que fût de mes vers le prix ou le bonheur,
 Grand prince, ma muse timide
Ne te les eût offerts que dans le fond du cœur.

ÉPITRE

Un auteur vainement, sous le nom de prémices,
    Croit son hommage en sûreté;
    Dans nos plus humbles sacrifices
    On nous croit sans humilité:
    C'est tendre à l'immortalité
Que de paroître au jour sous de si grands auspices;
C'est rendre enfin mes vers ou suspects ou complices
    D'une coupable vanité.
    Heureux que ma muse indiscrete
    N'ait point suivi sa folle ardeur,
Et que, prête à livrer le héros au poëte,
Elle ait d'un front modeste épargné la pudeur!
Si, plus que toi peut-être, instruite de ta gloire,
Rappelant des périls que tu ne craignis pas,
Te les reprochant même au sein de la victoire,
Ma muse t'apprenoit tout ce que fit ton bras...
    Non, ne crains point que son audace,
De Stinkerque ou Nervinde embrassant les exploits,
    Fasse résonner une voix
    A peine connue au Parnasse.

A MONSEIGNEUR LE DUC.

Mais si du dieu des vers je me fais avouer,
Si sur moi d'un rayon il répand la lumiere,
 Je ne rentre dans la carriere
 Que pour apprendre à te louer.

JOLYOT DE CRÉBILLON.

ACTEURS.

IDOMÉNÉE, roi de Crete.
IDAMANTE, fils d'Idoménée.
ÉRIXENE, fille de Mérion, prince rebelle.
SOPHRONYME, ministre d'Idoménée.
ÉGÉSIPPE, officier du palais.
POLYCLETE, confident d'Idamante.
ISMENE, confidente d'Érixene.
Suite du roi.
Gardes.

La scene est à Cydonie, capitale de la Crete, dans le palais d'Idoménée.

IDOMÉNÉE.

Dieux, recevez mon sang, voilà votre victime.....

IDOMÉNÉE,
TRAGÉDIE.

ACTE PREMIER.

SCENE PREMIERE.

IDOMÉNÉE.

Où suis-je? quelle horreur m'épouvante et me suit!
Quel tremblement! ô ciel! et quelle affreuse nuit!
Dieux puissants, épargnez la Crete infortunée!

SCENE II.

IDOMÉNÉE, SOPHRONYME.

IDOMÉNÉE.
Sophronyme, est-ce toi?
SOPHRONYME.
Que vois-je? Idoménée!

IDOMÉNÉE.

Ah! seigneur, de quel bruit ont retenti ces lieux!

IDOMÉNÉE.

Eh quoi! tant de malheurs n'ont point lassé les dieux!
Depuis six mois entiers une fureur commune
Agite tour-à-tour Jupiter et Neptune.
La foudre est l'astre seul qui nous luit dans les airs:
Neptune va bientôt nous couvrir de ses mers.
C'en est fait; tout périt; la Crete désolée
Semble rentrer au sein de la terre ébranlée.
Chaque jour, entouré des plus tristes objets,
La mort jusqu'en mes bras moissonne mes sujets.
Jupiter, sur moi seul épuise ta vengeance;
N'afflige plus des lieux si chers à ton enfance.
Mes peuples malheureux n'esperent plus qu'en toi:
Si j'ai pu t'offenser, ne tonne que sur moi.
Pour les seuls innocents allumes-tu la foudre?
Sur son trône embrasé réduis le prince en poudre,
Épargne les sujets: pourquoi les frapper tous?
Qui d'eux, ou de leur roi, mérite ton courroux?

SOPHRONYME.

Quoi! toujours de nos maux vous croirez-vous coupable?
N'armez point contre vous une main redoutable.
Le ciel, depuis long-temps déclaré contre nous,
Semble, dans sa fureur, ne ménager que vous.
Dans les maux redoublés dont la rigueur nous presse
Votre seule pitié, seigneur, vous intéresse.

ACTE I, SCENE II.

IDOMÉNÉE.

Les dieux voudroient en vain ne ménager que moi :
Eh! frapper tout son peuple, est-ce épargner un roi?
Hélas! pour me remplir de douleurs et de craintes,
Pour accabler mon cœur des plus rudes atteintes,
Il suffiroit des cris de tant d'infortunés,
Aux maux les plus cruels chaque jour condamnés :
Et c'est moi cependant, c'est leur roi sacrilege
Qui répand dans ces lieux l'horreur qui les assiege.
Je ne gémirois point sur leur destin affreux,
Si le ciel étoit juste autant que rigoureux.
Mais ce n'est pas le ciel, c'est moi qui les foudroie :
Juge de quels remords je dois être la proie!
Quels regrets, quand je vois mes peuples malheureux
Craindre pour moi les maux que j'attire sur eux;
Prier que pour eux seuls le ciel inexorable
Porte loin de leur roi le coup qui les accable!

SOPHRONYME.

Quoi! seigneur, vous seriez l'auteur de tant de maux!
Et de vous seul la Crete attendroit son repos!
Quoi! des dieux irrités ce peuple la victime...

IDOMÉNÉE.

L'est moins de leur courroux, qu'il ne l'est de mon crime.
Cet aveu te surprend. A peine croirois-tu,
Sophronyme, à quel point j'ai manqué de vertu;
Mais telle est désormais ma triste destinée...

IDOMÉNÉE.

SOPHRONYME.

Quel crime a donc commis le sage Idoménée?
Fils de Deucalion, petit-fils de Minos,
Vos vertus ont passé celles de ces héros:
Nous trouvions tout en vous, un roi, les dieux, un pere.
Seigneur, par quel malheur, à vous-même contraire,
Avez-vous pu trahir des noms si glorieux?
Qui fit donc succomber votre vertu?

IDOMÉNÉE.

Les dieux.

SOPHRONYME.

Quel forfait peut sur vous attirer leur colere?

IDOMÉNÉE.

On n'est pas innocent, lorsqu'on peut leur déplaire:
Les dieux sur mes pareils font gloire de leurs coups;
D'illustres malheureux honorent leur courroux.
Entre le ciel et moi sois juge, Sophronyme:
Il prépara du moins, s'il ne fit pas mon crime.
Par vingt rois dès long-temps vainement rassemblés
Les Troyens à la fin se virent accablés;
De leurs bords désolés tout pressoit la retraite:
Ainsi, loin de nos Grecs, je voguai vers la Crete.
Le prince Mérion, prompt à m'y devancer,
Sur mon trône peut-être auroit pu se placer,
Si mon fils n'eût domté l'orgueil de ce rebelle.

ACTE I, SCENE II.

A Samos, par tes soins, j'en reçus la nouvelle.
Je peindrois mal ici les transports de mon cœur,
Lorsque j'appris d'un traître Idamante vainqueur:
La gloire de mon fils me causa plus de joie
Que ne firent jamais les dépouilles de Troie.
Après dix ans d'absence, empressé de revoir
Cet appui de mon trône, et mon unique espoir,
A regagner la Crete aussitôt je m'apprête,
Ignorant le péril qui menaçoit ma tête.
Sans que je te rappelle un honteux souvenir,
Ni que de nos affronts je t'aille entretenir,
Tu sais de quels forfaits ma race s'est noircie.
Comme Pasiphaé, Phedre au crime endurcie
Ne signale que trop et Minos et Vénus.
Tous nos malheurs enfin te sont assez connus.
Né de ce sang fatal, à la déesse en proie,
J'avois encor sur moi la querelle de Troie:
Juge de la vengeance, à ce titre odieux.
Ce fut peu: de sa haine elle arma tous les dieux.
La Crete paroissoit, tout flattoit mon envie;
Je distinguois déja le port de Cydonie;
Mais le ciel ne m'offroit ces objets ravissants
Que pour rendre toujours mes desirs plus pressants.
Une effroyable nuit, sur les eaux répandue,
Déroba tout-à-coup ces objets à ma vue;

La mort seule y parut... Le vaste sein des mers
Nous entr'ouvrit cent fois la route des enfers.
Par des vents opposés les vagues ramassées,
De l'abîme profond jusques au ciel poussées,
Dans les airs embrasés agitoient mes vaisseaux,
Aussi prêts d'y périr qu'à fondre sous les eaux.
D'un déluge de feux l'onde comme allumée
Sembloit rouler sur nous une mer enflammée;
Et Neptune en courroux à tant de malheureux
N'offroit, pour tout salut, que des rochers affreux.
Que te dirai-je enfin?... Dans ce péril extrême,
Je tremblai, Sophronyme, et tremblai pour moi-même..
Pour appaiser les dieux, je priai... je promis...
Non, je ne promis rien; dieux cruels! j'en frémis...
Neptune, l'instrument d'une indigne foiblesse,
S'empara de mon cœur, et dicta la promesse.
S'il n'en eût inspiré le barbare dessein,
Non, je n'aurois jamais promis de sang humain.
« Sauve des malheureux si voisins du naufrage,
« Dieu puissant, m'écriai-je, et rends-nous au rivage :
« Le premier des sujets rencontré par son roi
« A Neptune immolé satisfera pour moi... »
Mon sacrilege vœu rendit le calme à l'onde;
Mais rien ne put le rendre à ma douleur profonde;
Et, l'effroi succédant à mes premiers transports,

ACTE I, SCENE II.

Je me sentis glacer en revoyant ces bords.
Je les trouvai déserts; tout avoit fui l'orage:
Un seul homme alarmé parcouroit le rivage;
Il sembloit de ses pleurs mouiller quelques débris:
J'en approche en tremblant... hélas! c'étoit mon fils...
A ce récit fatal tu devines le reste.
Je demeurai sans force à cet objet funeste;
Et mon malheureux fils eut le temps de voler
Dans les bras du cruel qui devoit l'immoler.

SOPHRONYME.

Ai-je bien entendu? quelle horrible promesse!
Ah! pere infortuné!

IDOMÉNÉE.

Rebelle à ma tendresse,
Je fus près d'obéir: mais Idamante enfin
Mit mon ame au-dessus des dieux et du destin:
Je n'envisageai plus le vœu ni la tempête;
Je baignai de mes pleurs une si chere tête.
Le ciel voulut en vain me rendre furieux,
La nature, à son tour, fit taire tous les dieux.
Sophronyme, qui veut, peut braver leur puissance:
Mais ne peut pas, qui veut, éviter leur vengeance.
A peine de la Crete eus-je touché les bords,
Que je la vis remplir de mourants et de morts.
En vain j'adresse au ciel une plainte importune,

J'ai trouvé tous les dieux du parti de Neptune.
SOPHRONYME.
Qu'espérez-vous des dieux, en leur manquant de foi?
IDOMÉNÉE.
Que du moins leur courroux n'accablera que moi;
Que le ciel, fatigué d'une injuste vengeance,
Plus équitable enfin, punira qui l'offense;
Que je ne verrai point la colere des dieux
S'immoler par mes mains un sang si précieux.
SOPHRONYME.
Seigneur, à ce dessein vous mettez un obstacle:
Pourquoi par Égésippe interroger l'oracle?
Vos peuples, informés du sort de votre fils,
Voudront de leur salut que son sang soit le prix.
IDOMÉNÉE.
Que le ciel, que la Crete à l'envi le demandent,
N'attends point que mes mains à leur gré le répandent.
J'interroge les dieux: ce n'est pas sans frayeur;
L'oracle est trop écrit dans le fond de mon cœur.
J'interroge les dieux: que veux-tu que je fasse?
Pouvois-je à mes sujets refuser cette grace?
Un peuple infortuné m'en presse par ses cris;
J'ai résisté long-temps; à la fin j'y souscris.
Tu vois trop à quel prix il faut le satisfaire.
Ne puis-je être son roi qu'en cessant d'être pere?

Mais pourquoi m'alarmer? Les dieux pourroient parler:
Non, les dieux sur ce point n'ont rien à révéler.
Que le ciel parle, ou non, sur ce cruel mystere,
Ne puis-je pas forcer Égésippe à se taire?
SOPHRONYME.
Il se tairoit en vain; par le ciel irrité
Son silence, seigneur, sera-t-il imité?
A se taire long-temps pourrez-vous le contraindre?
Que je prévois de maux! que vous êtes à plaindre!
IDOMÉNÉE.
Tu me plains: mais, malgré ta sincere amitié,
Tu n'auras pas toujours cette même pitié,
Quand tu sauras les maux dont le destin m'accable,
Et que l'amour a part à mon sort déplorable...
Je vois, à ce nom seul, ta vertu s'alarmer,
Et la mienne a long-temps craint de t'en informer.
Tu sais que Mérion, à mon retour d'Asie,
De son sang criminel paya sa perfidie:
Lorsque je refusois une victime aux dieux,
J'osai bien m'immoler ce prince ambitieux.
Qu'il m'en coûte! sa fille, en ces lieux amenée,
Erixene, a comblé les maux d'Idoménée.
Croirois-tu que mon cœur, nourri dans les hasards,
N'a pu de deux beaux yeux soutenir les regards;
Et que j'adore enfin, trop facile et trop tendre,

Les restes de ce sang que je viens de répandre?
SOPHRONYME.
Quoi! seigneur, vous aimez! et, parmi tant de maux...
IDOMÉNÉE.
Cet amour dans mon cœur s'est formé dès Samos.
Mérion, incertain du succès de ses armes,
Y crut mettre sa fille à l'abri des alarmes.
Je la vis, je l'aimai; conduite par Arcas,
Je la fis dans ces lieux amener sur mes pas.
Il sembloit qu'une fille à mes regards si chere
Devoit me dérober la tête de son pere :
Mais Vénus, attentive à se venger de moi,
Fit bientôt dans mon cœur céder l'amant au roi :
J'immolai Mérion; et ma naissante flamme
En vain en sa faveur combattit dans mon ame :
Vénus, qui me gardoit de sinistres amours,
De ce prince odieux me fit trancher les jours.
Que dis-je? dans le sang du pere d'Érixene
J'espérois étouffer mon amour et ma haine.
Je m'abusois; mon cœur, par un triste retour,
Défait de son courroux, n'en eut que plus d'amour:
Si depuis mes malheurs je ne l'ai pas vu naître,
En dois-je moins rougir d'avoir pu le connoître?
SOPHRONYME.
Menacé chaque jour du sort le plus affreux,
Nourrissez-vous, seigneur, un amour dangereux?

IDOMÉNÉE.

Je ne le nourris point, puisque je le déteste :
C'étoit des dieux vengeurs le coup le plus funeste.
Que n'a point fait mon cœur pour affoiblir le trait!

SCENE III.

IDOMÉNÉE, IDAMANTE, SOPHRONYME, POLYCLETE.

IDOMÉNÉE, *bas, à Sophronyme.*

Je vois mon fils ; laissons cet entretien secret :
Je t'ai tout découvert, mon amour et mon crime.
Cache bien mon amour, encor mieux ma victime.
(*à Idamante.*)
Que cherchez-vous, mon fils, dans cette affreuse nuit?

IDAMANTE.

Long-temps épouvanté par un horrible bruit,
Tremblant pour des malheurs qui redoublent sans cesse,
Sans repos, toujours plein du trouble qui vous presse,
Alarmé pour des jours si chers, si précieux,
Je vous cherche. Pourquoi détournez-vous les yeux?
Seigneur, qu'ai-je donc fait? vous craignez ma présence.
Quel traitement, après une si longue absence?

IDOMÉNÉE.

Non, il n'est pas pour moi de spectacle plus doux,

Mon fils; je ne sais rien de plus aimé que vous.
Mais je ne puis vous voir que mon cœur ne frémisse.
Je crains le ciel vengeur, et qu'il ne me ravisse
Un bien...

IDAMANTE.

Ah! puisse-t-il, aux dépens de mes jours,
A des maux si cruels donner un prompt secours!
La mort du moins, seigneur, finiroit mes alarmes:
Vous ne paroissez plus sans m'arracher des larmes:
Triste, désespéré, vous cherchez à mourir;
Et vous m'aimez, seigneur! est-ce là me chérir?
Le ciel en vain de vous écarte sa colere,
Vous vous faites des maux qu'il ne veut pas vous faire:
Il vous rend à mes pleurs, quand je vous crois perdu;
M'ôterez-vous, seigneur, le bien qu'il m'a rendu?

IDOMÉNÉE.

Ah! mon fils, nos malheurs ont lassé ma constance,
Et de fléchir les dieux je perds toute espérance;
Trop heureux si le ciel, secondant mes souhaits,
Me rejoignoit bientôt à mes tristes sujets!

IDAMANTE.

Pour eux, plus que le ciel, vous seriez inflexible,
Si vous leur prépariez un malheur si terrible.
Tous les dieux ne sont point contre vous ni contre eux,
Puisqu'il nous reste encore un roi si généreux;
Conservez-le, seigneur, et terminez nos craintes.

ACTE I, SCENE III.

Peut-être que le ciel, plus sensible à nos plaintes,
Va s'expliquer bientôt; et, fléchi désormais...
IDOMÉNÉE.
Ah! mon fils, puisse-t-il ne s'expliquer jamais!
Adieu.

SCENE IV.

IDAMANTE, POLYCLETE.

IDAMANTE.
De cet accueil qu'attendre, Polyclete?
Que ce silence affreux me trouble et m'inquiete!
Que m'annonce mon pere? Il me voit à regret;
Auroit-il pénétré mon funeste secret?
Sait-il par quel amour mon ame est entraînée?
Hélas! bien d'autres soins pressent Idoménée:
Ce roi, comblé de gloire, et qui n'aima jamais,
Ne s'informera point si j'aime ou si je hais:
Il ignore qu'un sang qui fit toute sa haine
Fasse tout mon amour, que j'adore Erixene.
Que ne m'est-il permis d'ignorer à mon tour
Que la haine sera le prix de mon amour!
Je défis Mérion. Plus juste, ou plus sévere,
Le roi sacrifia ce prince téméraire;
Prémices d'un retour fatal à tous les deux,

Prémices d'un amour encor plus malheureux.
C'est en vain que mon cœur brûle pour Erixene;
En vain...

SCENE V.

IDAMANTE, ÉRIXENE, ISMENE.

IDAMANTE.

Dans cette nuit, ciel! quel dessein l'amene?
(*à Érixene.*)
Madame, quel bonheur! Eussé-je cru devoir
A la fureur des dieux le plaisir de vous voir!

ÉRIXENE.

J'espérois, mais en vain, jouir de leur colere;
J'ai cru que cette nuit alloit venger mon pere,
Et que le juste ciel, de sa mort irrité,
N'en verroit point le crime avec impunité.
D'un courroux légitime inutile espérance!
Avec trop de lenteur le ciel sert ma vengeance.
En vain pour vous punir il remplit tout d'horreurs,
Puisqu'il peut de mes maux épargner les auteurs.

IDAMANTE.

J'ignore auprès des dieux ce qui nous rend coupables;
J'ignore quel forfait les rend inexorables;
Mais je sais que le sang qui fait couler vos pleurs

N'a point sur nous, madame, attiré ces malheurs.
Avant qu'un sang si cher eût arrosé la terre,
Le ciel avoit déja fait gronder son tonnerre.
Ainsi, pour vous venger, n'attendez rien des dieux,
Si ce n'est de l'Amour, qui peut tout par vos yeux.
Que le courroux du ciel de cent villes fameuses
Fasse de longs déserts, des retraites affreuses;
Que les ombres du Styx habitent ce séjour;
Tout vous vengera moins qu'un téméraire amour.
Seul il a pu remplir vos vœux et votre attente:
Je défis votre pere; il vous livre Idamante.
Lorsque vous imploriez les traits d'un dieu vengeur,
Tous les traits de l'Amour vous vengeoient dans mon cœur.

ÉRIXENE.

Quoi! seigneur, vous m'aimez?

IDAMANTE.

Jamais l'amour, madame,
Dans le cœur des humains n'alluma plus de flamme:
Sans espoir, dans vos fers toujours plus engagé...

ÉRIXENE.

O mon pere! ton sang va donc être vengé!

IDAMANTE.

Si l'amour près de vous peut expier un crime,
Je rends grace à l'Amour du choix de la victime:
Heureux même, à ce prix, que vous daigniez souffrir
Les vœux qu'un tendre cœur brûloit de vous offrir!

Je sais trop que vos pleurs condamnent ma tendresse;
Au sang que vous pleurez, hélas! tout m'intéresse.

ÉRIXENE.

Que m'importent, cruel, les vains regrets du cœur,
Après que votre main a servi sa fureur?

IDAMANTE.

J'ai suivi mon devoir, madame; et sa défaite
Importoit à mes soins, importoit à la Crete.
La sûreté du prince ordonna ce trépas;
Et, pour comble de maux, j'ignorois vos appas.
Mérion a rendu sa perte légitime;
Sa mort, sans mon amour, ne seroit pas un crime.

ÉRIXENE.

C'est-à-dire, seigneur, qu'il mérita son sort.
Sans vouloir démêler les causes de sa mort,
Si de ces tristes lieux le funeste héritage
Du superbe Minos dut être le partage,
Si mon pere, sorti du sang de tant de rois,
D'Idoménée enfin a dû subir les lois,
Quel espoir a nourri cet amour qui m'outrage?
Et pourquoi m'en offrir un imprudent hommage?
Vainqueur de Mérion, fils de son assassin,
La source de mes pleurs s'ouvrit par votre main.
Est-ce pour les tarir que vos feux se déclarent?
Songez-vous que ces pleurs pour jamais nous séparent?
Sous le poids de vos fers, je n'arrive en ces lieux

ACTE I, SCENE V.

Que pour y recevoir les plus tristes adieux.
Mérion expiroit; sa tremblante paupiere
A peine lui laissoit un reste de lumiere;
Son sang couloit encore, et couloit par vos coups:
Barbare, en cet état, me parloit-il pour vous?
Qu'il m'est doux de vous voir brûler pour Erixene!
Conservez votre amour, il servira ma haine.
Adieu, seigneur: c'est trop vous permettre un discours
Dont ma seule vengeance a dû souffrir le cours.

SCENE VI.

IDAMANTE, POLYCLETE.

POLYCLETE.

Ah! seigneur, falloit-il découvrir ce mystere?
Avez-vous dû parler?

IDAMANTE.

Ai-je donc pû me taire?
Près de l'objet enfin qui cause mon ardeur,
Pouvois-je retenir tant d'amour dans mon cœur?
Que dis-tu? toujours plein de cette ardeur extrême,
Le hasard sans témoins m'offre tout ce que j'aime,
Et tu veux de l'amour que j'étouffe la voix,
Libre de l'expliquer pour la premiere fois!
D'un attrait si puissant, eh! comment se défendre?

ACTE I, SCENE VI.

Mon amour malheureux vouloit se faire entendre.
Mais quel trouble inconnu remplit mon cœur d'effroi?
Cherchons dans ce palais à rejoindre le roi.
Allons : bientôt la nuit, moins terrible et moins sombre,
Va découvrir les maux qu'elle cachoit dans l'ombre.
Ces lieux sont éclairés d'un triste et foible jour :
Egésippe déja doit être de retour.
Suis-moi ; près de mon pere il faut que je me rende.
Sachons, pour s'appaiser, ce que le ciel demande.
Quel présage! et qu'attendre en ces funestes lieux,
Si tout, jusqu'à l'amour, sert le courroux des dieux?

FIN DU PREMIER ACTE.

ACTE SECOND.

SCENE PREMIERE.

ÉRIXENE, ISMENE.

ISMENE.
Madame, en ce palais pourquoi toujours errante?
ÉRIXENE.
Lieux cruels, soutenez ma fureur chancelante;
Lieux encor teints du sang qui me donna le jour,
Du tyran de la Crete infortuné séjour,
Eternels monuments d'une douleur amere;
Lieux terribles, témoins de la mort de mon pere;
Lieux où l'on m'ose offrir de coupables amours,
Prêtez à ma colere un utile secours;
Retracez-moi sans cesse une triste peinture;
Contre un honteux amour défendez la nature.
O toi, qui vois la peine où ce feu me réduit,
Vénus, suis-je d'un sang que ta haine poursuit?
Ou faut-il qu'en des lieux remplis de ta vengeance,

Les cœurs ne puissent plus brûler dans l'innocence?
Laisse au sang de Minos ses affronts, ses horreurs;
Sur ce sang odieux signale tes fureurs:
Laisse au sang de Minos Phedre et le labyrinthe,
Au mien sa pureté sans tache et sans atteinte.

ISMENE.

Madame, quel transport! qu'entends-je? et quel discours!
Quoi! vous vous reprochez de coupables amours!

ÉRIXENE.

Tout reproche à mon cœur le feu qui le dévore;
Je respire un amour que ma raison abhorre.
De mon pere en ces lieux j'ose trahir le sang;
De mon pere immolé je viens rouvrir le flanc;
A la main des bourreaux je joins ma main sanglante;
Enfin ce cœur si fier brûle pour Idamante.

ISMENE.

Vainqueur de votre pere...

ÉRIXENE.

Ismene, ce vainqueur
Sut sans aucun effort se soumettre mon cœur.
Je me défiois peu de la main qui m'enchaîne,
Ayant tant de sujets de vengeance et de haine,
Ni qu'Idamante en dût interrompre le cours,
Avec tant de raisons de le haïr toujours,
Comptant sur ma douleur, ma fierté, ma colere,
Et, pour tout dire enfin, sur le sang de mon pere;

Et mon père en mes bras ne faisoit qu'expirer,
Lorsqu'un autre que lui me faisoit soupirer.
A des yeux encor pleins d'un spectacle effroyable
Idamante parut, et parut trop aimable.
Aujourd'hui même encor l'amour a prévalu :
J'allois céder, Ismene, ou peu s'en est fallu.
Quand le prince m'a fait le récit de sa flamme,
Il entraînoit mon cœur, il séduisoit mon ame :
Déja ce foible cœur, d'accord avec le sien,
Lui pardonnoit un feu qu'autorise le mien.
Des pleurs que j'ai versés prête à lui faire grace,
Mon amour m'allioit aux crimes de sa race :
Près de ce prince, enfin, mon esprit combattu,
Sans un peu de fierté, me laissoit sans vertu ;
Et lorsque ma raison a rappelé ma gloire,
Dans le fond de mon cœur j'ai pleuré ma victoire.

ISMENE.

Votre cœur sans regret ne peut donc triompher
D'un feu qu'en sa naissance il falloit étouffer ?
Ah ! du moins, s'il n'en peut domter la violence,
Faites à vos transports succéder le silence.

ÉRIXENE.

Si je craignois qu'un feu, déclaré malgré moi,
Dût jamais éclater devant d'autres que toi,
Dans la nuit du tombeau toujours prête à descendre,
J'irois ensevelir ce secret sous ma cendre.

Quoiqu'à mes yeux, peut-être, Idamante ait trop plu,
Il me sera toujours moins cher que ma vertu.
D'un amour que je crains il aura tout à craindre;
Avec ma haine seule il seroit moins à plaindre.
Non, mon pere, ton sang, lâchement répandu,
A tes fiers ennemis ne sera point vendu;
Et le cruel vainqueur qui surprend ma tendresse
Ajoute à ses forfaits celui de ma foiblesse.
Je saurai le punir de son crime et du mien...
Le roi paroît... fuyons un fâcheux entretien.

SCENE II.

IDOMÉNÉE, ÉRIXENE, SOPHRONYME, ISMENE.

IDOMÉNÉE.

Madame, demeurez... demeurez, Erixene.
Mérion, par sa mort, vient d'éteindre ma haine;
Ainsi ne craignez point ma rencontre en ces lieux;
Vous pouvez y rester sans y blesser mes yeux.
Mérion me fut cher; mais de cet infidele
Mes bienfaits redoublés ne firent qu'un rebelle.
Vous le savez; l'ingrat, pour prix de ces bienfaits,
Osa contre leur roi soulever mes sujets.
Son crime fut de près suivi par son supplice,

ACTE II, SCENE II.

Et son sang n'a que trop satisfait ma justice.
Je l'en vis à regret laver son attentat;
Mais je devois sa tête à nos lois, à l'état;
Et près de vous j'oublie une loi trop sévere
Qui rend de mes pareils la haine héréditaire.

ÉRIXENE.

Si, content de sa mort, votre haine s'éteint
Dans le sang d'un héros dont ce palais est teint,
La mienne, que ce sang éternise en mon ame,
A votre seul aspect se redouble et s'enflamme.
J'ai vu mon pere, hélas! de mille coups percé;
Tout son sang cependant n'est pas encor versé...
Que sa mort fût enfin injuste ou légitime,
Auprès de moi, du moins, songez qu'elle est un crime:
Mon courroux là-dessus ne connoît point de loi
Qui puisse dans mon cœur justifier un roi.
De maximes d'état colorant ce supplice,
Vous prétendez en vain couvrir votre injustice.
Le ciel, qui contre vous semble avec moi s'unir,
De ce crime odieux va bientôt vous punir:
Contre vous dès long-temps un orage s'apprête;
De mes pleurs chaque jour je grossis la tempête.
Puissent les justes dieux, sensibles à mes pleurs,
A mon juste courroux égaler vos malheurs!
Et puissé-je à regret voir que toute ma haine
Voudroit en vain y joindre une nouvelle peine!...

IDOMÉNÉE.

Ah! madame, cessez de si funestes vœux;
N'offrez point à nos maux un cœur si rigoureux.
Vous ignorez encor ce que peuvent vos larmes;
Ne prêtez point aux dieux de si terribles armes,
Belle Erixene; enfin n'exigez plus rien d'eux.
Non, jamais il ne fut un roi plus malheureux;
Du destin ennemi je n'ai plus rien à craindre.
J'éprouve des malheurs dont vous pourriez me plaindre.
Ces beaux yeux, sans pitié qui pourroient voir ma mort,
Ne refuseroient pas des larmes à mon sort.
Sur mon peuple des dieux la fureur implacable
Des maux que je ressens est le moins redoutable.
Sur le sang de Minos un dieu toujours vengeur
A caché les plus grands dans le fond de mon cœur.
Objet infortuné d'une longue vengeance,
J'oppose à mes malheurs une longue constance.
Mon cœur, sans s'émouvoir, les verroit en ce jour,
S'il n'eût brûlé pour vous d'un malheureux amour.

ÉRIXENE.

C'étoit donc peu, cruel! qu'avec ignominie
Mon pere eût terminé sa déplorable vie!
Ce n'étoit point assez que votre bras sanglant
Eût jeté dans les miens Mérion expirant!
De son sang malheureux votre courroux funeste
Vient, jusque dans mon cœur, poursuivre encor le reste!

Oui, tyran, cet amour dont brûle votre cœur
N'est contre tout son sang qu'un reste de fureur.
IDOMÉNÉE.
Le reste de ce sang m'est plus cher que la vie;
Souffrez qu'un tendre amour me le réconcilie.
Madame, je l'aimai; je vous l'ai déja dit:
Songez que Mérion lui-même se perdit...
Quoi! rien ne peut fléchir votre injuste colere!
Trouverai-je par-tout le cœur de votre pere?
Sa révolte à vos yeux eut-elle tant d'attraits?
Mon amour aura-t-il le sort de mes bienfaits?
Vous verrai-je, au moment que cet amour vous flatte,
Achever les forfaits d'une famille ingrate?
ÉRIXENE.
Achever des forfaits! c'est au sang de Minos
A savoir les combler, non au sang d'un héros.

SCENE III.

IDOMÉNÉE, SOPHRONYME.

SOPHRONYME.

Que faites-vous, seigneur? est-il temps que votre ame
S'abandonne aux transports d'une honteuse flamme?
IDOMÉNÉE.
Pardonne; tu le vois, la raison à son gré

IDOMÉNÉE.

Ne regle pas un cœur par l'amour égaré.
Je me défends en vain; ma flamme impétueuse
Détruit tous les efforts d'une ame vertueuse:
D'un poison enchanteur tous mes sens prévenus
Ne servent que trop bien le courroux de Vénus.
Je sens toute l'horreur d'un amour si funeste;
Mais je chéris ce feu que ma raison déteste.
Bien plus, de ma vertu redoutant le retour,
Je combats plus souvent la raison que l'amour.

SOPHRONYME.

Ah! seigneur, est-ce ainsi que le héros s'exprime?
Est-ce ainsi qu'un grand cœur cede au joug qui l'opprime?
Le courroux de Vénus peut-il autoriser
Des fers que votre gloire a dû cent fois briser?
Parmi tant de malheurs, est-ce au vainqueur de Troie
A compter un amour dont il se fait la proie?
Qu'est devenu ce roi, plus grand que ses aïeux,
Que ses vertus sembloient élever jusqu'aux dieux,
Et qui, seul la terreur d'une orgueilleuse ville,
Cent fois aux Grecs tremblants fit oublier Achille?
L'amour, avilissant l'honneur de ses travaux,
Sous la honte des fers m'a caché le héros.
Peu digne du haut rang où le ciel l'a fait naître,
Un roi n'est qu'un esclave où l'Amour est le maître.
N'allez point établir sur son foible pouvoir
L'oubli de vos vertus ni de votre devoir.

Que l'amour soit en nous ou penchant, ou vengeance,
La foiblesse des cœurs fait toute sa puissance.
Mais, seigneur, s'il est vrai que, maîtres de nos cœurs,
De nos divers penchants les dieux soient les auteurs,
Quand même vous croiriez que ces êtres suprêmes
Pourroient déterminer nos cœurs malgré nous-mêmes,
Essayez sur le vôtre un effort glorieux;
C'est là qu'il est permis de combattre les dieux.
Ce n'est point en faussant une auguste promesse,
Qu'il faut contre le ciel vous exercer sans cesse.
Se peut-il que l'Amour vous impose des lois?
Et le titre d'amant est-il fait pour les rois?
Au milieu des vertus où sa grande ame est née,
Doit-on de ses devoirs instruire Idoménée?

IDOMÉNÉE.

A ma raison du moins laisse le temps d'agir,
Et combats mon amour sans m'en faire rougir.
Avec trop de rigueur ton entretien me presse :
Plains mes maux, Sophronyme, ou flatte ma foiblesse.
A ce feu que Vénus allume dans mon sein,
Reconnois de mon sang le malheureux destin.
Pouvois-je me soustraire à la main qui m'accable?
Respecte des malheurs dont je suis peu coupable.
Pasiphaé ni Phedre, en proie à mille horreurs,
N'ont jamais plus rougi dans le fond de leurs cœurs.
Mais, que dis-je? est-ce assez qu'en secret j'en rougisse,

Lorsqu'il faut de ce feu que mon cœur s'affranchisse?
Eh! d'un amour formé sous l'aspect le plus noir,
Dans mon cœur sans vertu quel peut être l'espoir?
Ennemi, malgré moi, du penchant qui m'entraîne,
Je n'ai point prétendu couronner Erixene.
Je m'ôte le seul bien qui pouvoit l'éblouir;
De ma couronne enfin un autre va jouir.

SOPHRONYME.

Gardez-vous de tenter un coup si téméraire.

IDOMÉNÉE.

Par tes conseils en vain tu voudrois m'en distraire :
A mon fatal amour tu connoîtras du moins
Que j'ai donné mon cœur, sans y donner mes soins :
Car enfin, dépouillé de cet auguste titre,
Ton roi de son amour ne sera plus l'arbitre;
Dans ces lieux, où bientôt je ne pourrai plus rien,
Mon fils va devenir et ton maître et le mien.
Essayons si des dieux la colere implacable
Ne pourra s'appaiser par un roi moins coupable;
Ou du moins, sur un vœu que le ciel peut trahir,
Mettons-nous hors d'état de jamais obéir.
Non comme une victime aux autels amenée,
Tu verras couronner le fils d'Idoménée.
Le ciel après, s'il veut, se vengera sur moi:
Mais il n'armera point ma main contre mon roi;
Et si c'est immoler cette tête sacrée,

La victime par moi sera bientôt parée.
Ce prince ignore encor quel sera mon dessein :
Sait-il que je l'attends?

SOPHRONYME.

Dans le temple prochain
Au ciel, par tant d'horreurs qui poursuit son supplice,
Il prépare, seigneur, un triste sacrifice;
Et, mouillant de ses pleurs d'insensibles autels,
Pour vous, pour vos sujets, il s'offre aux immortels.

IDOMÉNÉE.

Vous n'êtes point touchés d'une vertu si pure!
Pardonnez donc, grands dieux! si mon cœur en murmure.
O mon fils!

SCENE IV.

IDOMÉNÉE, SOPHRONYME, ÉGÉSIPPE.

IDOMÉNÉE.

Mais que vois-je? et quel funeste objet!
Égésippe revient, tremblant, triste, défait.
Que dois-je soupçonner? ah! mon cher Sophronyme,
Le ciel impitoyable a nommé sa victime.

ÉGÉSIPPE.

Quelle victime encor! que de pleurs, de regrets,
Nous vont coûter des dieux les barbares décrets!

Pourrai-je, sans frémir, nommer...
IDOMÉNÉE.
Je t'en dispense;
Couvre plutôt ce nom d'un éternel silence :
De ton secret fatal je suis peu curieux;
Et sur ce point, enfin, j'en sais plus que les dieux.
SOPHRONYME.
Écoutez cependant.
IDOMÉNÉE.
Que veux-tu que j'écoute?
D'un arrêt inhumain tu crois donc que je doute?
Mais poursuis, Égésippe.
ÉGÉSIPPE.
Au pied du mont sacré
Qui fut pour Jupiter un asile assuré,
J'interroge, en tremblant, le dieu sur nos miseres.
Le prêtre destiné pour les secrets mysteres
Se traine prosterné près d'un antre profond,
Ouvre... Avec mille cris le gouffre lui répond :
D'affreux gémissements et des voix lamentables
Formoient, à longs sanglots, des accents pitoyables,
Mais qui venoient à moi comme des sons perdus,
Dont résonnoit le temple en échos mal rendus.
Je prêtois cependant une oreille attentive,
Lorsqu'enfin une voix, plus forte et plus plaintive,
A paru rassembler tant de cris douloureux,

ACTE II, SCENE IV.

Et répéter cent fois : « O roi trop malheureux ! »
Déja saisi d'horreur d'une si triste plainte,
Le prêtre m'a bientôt frappé d'une autre crainte,
Quand, relevant sur lui mes timides regards,
Je le vois, l'œil farouche et les cheveux épars,
Se débattre long-temps sous le dieu qui l'accable,
Et prononcer enfin cet arrêt formidable :
« Le roi n'ignore pas ce qu'exigent les dieux :
« Maître encor de la Crete et de sa destinée,
« Il porte dans ses mains le salut de ces lieux ;
    « Il faut le sang d'Idoménée. »

IDOMÉNÉE.

Le roi n'ignore pas ce qu'exigent les dieux !
  (*à Sophronyme.*)
Tu vois si les cruels pouvoient s'expliquer mieux.
Graces à leur fureur, toute erreur se dissipe ;
J'entrevois... Il suffit : laisse-nous, Égésippe :
Sur un secret enfin qui regarde ton roi,
Songe, malgré les dieux, à lui garder ta foi.

SCENE V.

IDOMÉNÉE, SOPHRONYME.

IDOMÉNÉE.

Tu vois sur nos destins ce que le ciel prononce :

Et redoutois-je à tort la funeste réponse?
Il demande mon fils; je n'en puis plus douter,
Ni de mon trépas même un instant me flatter.
Mânes de mes sujets, qui, des bords du Cocyte,
Plaignez encor celui qui vous y précipite,
Pardonnez; tout mon sang, prêt à vous secourir,
Auroit coulé, si seul il me falloit mourir;
Mais le ciel irrité veut que mon fils périsse,
Et mon cœur ne veut pas que ma main obéisse.
Moi! je verrois mon fils sur l'autel étendu!
Tout son sang couleroit par mes mains répandu!
Non, il ne mourra point... je ne puis m'y résoudre:
Ciel, n'attends rien de qui n'attend qu'un coup de foudre...

SCENE VI.

IDOMÉNÉE, IDAMANTE, SOPHRONYME.

IDAMANTE.

Par votre ordre, seigneur...

IDOMÉNÉE.

Dieux! qu'est-ce que je voi?

IDAMANTE.

Quelles horreurs ici répandent tant d'effroi!
Quels regards! d'où vous vient cette sombre tristesse?
Quelle est en ce moment la douleur qui vous presse?

ACTE II, SCENE VI.

Du temple dans ces lieux aujourd'hui de retour,
Égésippe, dit-on, s'est fait voir à la cour.
Le ciel a-t-il parlé? sait-on ce qu'il exige?
Est-ce un ordre des dieux, seigneur, qui vous afflige?
Savons-nous par quel crime...

IDOMÉNÉE.

Un silence cruel
Avec le crime encor cache le criminel.
Ne cherchons point des dieux à troubler le silence;
Assez d'autres malheurs éprouvent ma constance...
Ah! mon fils, si jamais votre cœur généreux
A partagé les maux d'un pere malheureux,
Si vous fûtes jamais sensible à ma disgrace,
Au trône en ce moment daignez remplir ma place.

IDAMANTE.

Moi! seigneur.

IDOMÉNÉE.

Oui, mon fils : mon cœur reconnoissant
Ne veut point que ma mort vous en fasse un présent.
Je sais que c'est un rang que votre cœur dédaigne;
Mais qu'importe? il le faut... régnez...

IDAMANTE.

Moi, que je regne!
Et que j'ose à vos yeux me placer dans un rang
Où je dois vous défendre au prix de tout mon sang!
A cet ordre, seigneur, est-ce à moi de souscrire?

Ciel! est-ce à votre fils à vous ravir l'empire?
IDOMÉNÉE.
Régnez, mon fils, régnez sur la Crete et sur moi;
Je le demande en pere, et vous l'ordonne en roi.
Cher prince, à mes desirs que votre cœur se rende :
Pour la derniere fois peut-être je commande.
IDAMANTE.
Si votre nom ici ne doit plus commander,
N'attendez point, seigneur, de m'y voir succéder.
Et qui peut vous forcer d'abandonner le trône?
IDOMÉNÉE.
Eh bien! régnez mon fils... c'est le ciel qui l'ordonne...
IDAMANTE.
Le ciel lui-même, hélas! le garant de ma foi,
Le ciel m'ordonneroit de détrôner mon roi!
De tout ce que j'entends que ma frayeur redouble!
Ah! par pitié, seigneur, éclaircissez mon trouble ;
Dissipez les horreurs d'un si triste entretien :
Est-il dans votre cœur des secrets pour le mien?
Parlez, ne craignez point d'augmenter mes alarmes;
C'est trop se taire. Ah ciel! je vois couler vos larmes :
Vous me cachez en vain ces pleurs que j'ai surpris.
Dieux! que m'annoncez-vous? ah! seigneur...
IDOMÉNÉE.
                              Ah! mon fils!
Voyez où me réduit la colere céleste...

Sophronyme, fuyons cet entretien funeste...
####### IDAMANTE.
Où fuyez-vous, seigneur?
####### IDOMÉNÉE.
Je vous fuis à regret:
Mon fils, vous ne saurez que trop tôt le secret.

SCENE VII.

IDAMANTE.

Dieux! quel trouble est le mien! quel horrible mystere
Fait fuir devant mes yeux Sophronyme et mon pere!
Non, suivons-le... Son cœur encor mal affermi
Ne me pourra cacher son secret qu'à demi:
Je l'ai vu s'émouvoir; et contre ma poursuite
Il se défendoit mal, sans une prompte fuite.
Pénétrons... Mais d'où vient que je me sens glacer?
Quelle horreur à mes sens vient de se retracer?
Quelle invisible main m'arrête et m'épouvante?
Allons... Où veux-je aller? et qu'est-ce que je tente?
De quel secret encor prétends-je être informé?
Eh! ne connois-je pas le sang qui m'a formé?
Peu touché des vertus du grand Idoménée,
Le ciel rendit toujours sa vie infortunée;
Son funeste courroux l'arracha de sa cour,

Et n'a que trop depuis signalé son retour.
Ah! renfermons plutôt mon trouble et mes alarmes,
Que d'oser pénétrer dans d'odieuses larmes.
Suivons-le cependant... Pour calmer mon effroi,
Dieux, faites que ces pleurs ne coulent que pour moi.

FIN DU SECOND ACTE.

ACTE TROISIEME.

SCENE PREMIERE.

ÉRIXENE, ISMENE.

ISMENE.

Enfin l'Amour soumet aux charmes d'Érixene
L'objet de sa tendresse et l'objet de sa haine.
Vous triomphez, madame; et vos fiers ennemis
Bientôt par vos appas se verront désunis.

ÉRIXENE.

Quel triomphe! peux-tu me le vanter encore,
Quand je ne puis domter le feu qui me dévore?
Après ce que mon cœur en éprouve en ce jour,
Du soin de me venger dois-je charger l'Amour?
En me livrant le fils, s'il flattoit ma colere,
Je ne l'implorois pas pour me venger du pere.
Tant qu'aux lois de l'Amour mon cœur sera soumis,
Que dois-je en espérer contre mes ennemis?

ISMENE.

Vous pouvez donc, madame, employant d'autres armes,
Punir sans son secours l'auteur de tant de larmes,
Puisque le juste ciel, de concert avec vous,
Semble sur vos desirs mesurer son courroux.
Tout vous livre à l'envi le fier Idoménée.
Par un arrêt des dieux sa tête est condamnée;
L'oracle la demande; et ce funeste jour
Va le punir des maux que vous fit son retour.
Si vous voulez vous-même, achevant sa disgrace,
Hâter le coup affreux dont le ciel le menace,
Répandez le secret qui vous est dévoilé;
Et qu'Égésippe en vain ne l'ait point révélé.
Du prince votre pere ami toujours fidele,
Vous voyez à quel prix il vous marque son zele.
Imitez-le, madame; et qu'un sang odieux
Par vos soins aujourd'hui se répande en ces lieux.
De l'intérêt des dieux faites votre vengeance,
Et d'un peuple expirant faites-en la défense :
Montrez-lui son salut. Dans ce terrible arrêt,
Lui, vous, les dieux enfin, n'avez qu'un intérêt.
D'où vient que je vous vois interdite et tremblante?
Craignez-vous d'exciter les plaintes d'Idamante?

ÉRIXENE.

Hélas ! si près des maux où je le vais plonger,
Un seul moment pour lui ne puis-je m'affliger?

ACTE III, SCENE I.

Que veux-tu? je frémis du spectacle barbare
Que mon juste courroux en ces lieux lui prépare.
Je sens trop, par les pleurs que je verse aujourd'hui,
Quelle est l'horreur du coup qui va tomber sur lui.
Tu sais que pour son roi son amour est extrême.

ISMENE.

Il ne vous reste plus que d'aimer le roi même.
Qu'entends-je? de vos pleurs importunant les dieux,
Vos plaintes chaque jour font retentir ces lieux;
Et quand le ciel prononce au gré de votre envie,
Vous n'osez plus poursuivre une odieuse vie!
Songez, puisque les dieux vous ouvrent leurs secrets,
Qu'ils vous chargent par-là du soin de leurs décrets.
Et qu'auriez-vous donc fait, si, trompant votre attente,
L'oracle eût demandé la tête d'Idamante,
Puisque vous balancez...?

ÉRIXENE.

A quoi bon ces transports?
Je conçois bien sans toi de plus nobles efforts.
Malgré tout mon amour, mon devoir est le même:
Mais peut-on sans trembler opprimer ce qu'on aime?
Un je ne sais quel soin me saisit malgré moi,
Et mon propre courroux redouble mon effroi.
Ne crains rien cependant; mais laisse sans contrainte
A des cœurs malheureux le secours de la plainte.
Je n'ai point succombé pour avoir combattu,

Et tes raisons ici ne font point ma vertu.
Égésippe en ces lieux se fait long-temps attendre...

SCENE II.

ÉRIXENE, ISMENE, ÉGÉSIPPE.

ÉGÉSIPPE.

Madame, pardonnez, j'ai dû plutôt m'y rendre;
Mais un ordre pressant, que je n'attendois pas,
Malgré moi, loin de vous avoit porté mes pas.
C'en est fait, le tyran échappe à notre haine;
Hâtons notre vengeance, ou sa fuite est certaine:
Ses vaisseaux sont tout prêts; et déja sur les flots
Remontent à l'envi soldats et matelots.
Un gros de nos amis près d'ici se rassemble:
Tandis que dans ces lieux tout gémit et tout tremble,
On peut dans ce désordre échapper du palais;
Venez au peuple enfin vous montrer de plus près...
Mais le tyran paroît; évitez sa présence.
Je vais dès ce moment servir votre vengeance.

SCENE III.

IDOMÉNÉE, ÉGÉSIPPE.

IDOMÉNÉE.

Mes vaisseaux sont-ils prêts?

ÉGÉSIPPE.

Oui, seigneur; mais les eaux
D'un naufrage assuré menacent vos vaisseaux :
La mer gronde, et ses flots font mugir le rivage;
L'air s'enflamme, et ses feux n'annoncent que l'orage.
De qui doit s'embarquer je déplore le sort.
Seroit-ce vous, seigneur?

IDOMÉNÉE.

Qu'on m'aille attendre au port.

SCENE IV.

IDOMÉNÉE.

Ainsi donc tout menace une innocente vie!
O mon fils! faudra-t-il qu'elle te soit ravie?
A des dieux sans pitié ne te puis-je arracher?
Quel asile contre eux désormais te chercher?
Que n'ai-je point tenté? Je t'offre ma couronne;

Un départ rigoureux par moi-même s'ordonne :
Je crois t'avoir sauvé, quand j'y puis consentir ;
Et les ondes déja s'ouvrent pour t'engloutir.
Fuis cependant, mon fils... l'orage qui s'apprête
Est le moindre péril qui menace ta tête.
Quoique je n'aie, hélas! rien de plus cher que toi,
Tu n'as point d'ennemis plus à craindre que moi.
O mon peuple! ô mon fils! promesse redoutable!
Roi, pere malheureux! dieux cruels! vœu coupable!
O ciel! de tant de maux toujours moins satisfait,
Tu n'as jamais tonné pour un moindre forfait.
Et vous, fatal objet d'une flamme odieuse,
Érixene, à mon cœur toujours trop précieuse,
Fuyez avec mon fils de ces funestes lieux ;
Pour tout ce qui m'est cher j'y dois craindre les dieux.

SCÈNE V.

IDOMÉNÉE, IDAMANTE.

IDAMANTE.

Malgré l'affreux péril du plus cruel naufrage,
On dit que nos vaisseaux vont quitter le rivage :
Quoique de ces apprêts mon cœur soit alarmé,
Je ne viens point, seigneur, pour en être informé.
Je sais de vos secrets respecter le mystere,

ACTE III, SCENE V.

Et l'on ne m'en fait plus l'heureux dépositaire.

IDOMÉNÉE.

Mon cœur, que ce reproche accuse de changer,
Vous tait des maux qu'il craint de vous voir partager.
Il en est cependant dont il faut vous instruire.

(à part.)

Ces vaisseaux... ces apprêts... ciel! que lui vais-je dire?
Ah! mon fils... non, mon cœur n'y sauroit consentir.

IDAMANTE.

Dieux! que vous m'alarmez!...

IDOMÉNÉE.

     Mon fils, il faut partir.

IDAMANTE.

Qui doit partir?

IDOMÉNÉE.

Vous.

IDAMANTE.

   Moi! ciel! qu'entends-je?

IDOMÉNÉE.

        Vous-même.
Il falloit accepter l'offre du diadême.
Fuyez, mon fils, fuyez un ciel trop rigoureux,
Un rivage perfide, un pere malheureux.

IDAMANTE.

Ciel! qui m'a préparé cette horrible disgrace?
La mort même entre nous ne peut mettre un espace.

IDOMÉNÉE.

N'accablez point mon cœur d'un pareil désespoir.
Je goûte à peine, hélas! le bien de vous revoir :
Pourquoi régner? pourquoi faut-il que je vous quitte?
Quel est donc le projet que votre ame médite?

IDOMÉNÉE.

Voyez par quels périls vos jours sont menacés;
Fuyez, n'insistez plus; je crains, c'en est assez.
Jugez par mon amour de ce que je dois craindre,
Puisqu'à nous séparer ce soin m'a pu contraindre;
Jugez de mes frayeurs... Ah! loin de ces climats,
Allez chercher des dieux qui ne se vengent pas.

IDAMANTE.

Eh! que pourroit m'offrir une terre étrangere,
Que des dieux ennemis, si je ne vois mon pere?
Vos dieux seront les miens : laissez-moi près de vous
De ces dieux irrités partager le courroux.

IDOMÉNÉE.

Ah! fuyez-moi... fuyez le ciel qui m'environne :
Fuyez, mon fils, fuyez... puisqu'enfin je l'ordonne;
Et, sans vous informer du secret de mes pleurs,
Fuyez, ou redoutez le comble des horreurs.
Avec vous à Samos conduisez Erixene...

IDAMANTE.

Seigneur...

IDOMÉNÉE.

Ce ne doit plus être un objet de haine :

ACTE III, SCENE V.

Des crimes de son pere, immolé par nos lois
La fille n'a point dû porter l'injuste poids.
Adieu : peut-être un jour le destin moins sévere
Vous permettra, mon fils, de revoir votre pere.
Dérobez cependant à des dieux ennemis
Une princesse aimable, un si généreux fils...

IDAMANTE.

Erixene! eh! pourquoi compagne de ma fuite?
Expliquez... Mais je vois que votre ame est instruite.
Erixene, seigneur, m'est un présent bien doux;
Mais tout cede à l'horreur de m'éloigner de vous.
A ce triste départ quel astre pourroit luire?
Voyez le désespoir où vous m'allez réduire.
En vain sur cet exil vous croyez me tenter :
Plus vous m'offrez, seigneur, moins je puis vous quitter.
Je vous dois trop, hélas!... quelle tendresse extrême!
M'offrir en même jour, et sceptre, et ce que j'aime!
Non...

IDOMÉNÉE.

Ce que vous aimez?...

IDAMANTE.

Ah! pardonnez, seigneur;
Je le vois, vous savez les secrets de mon cœur.
Pardonnez; j'en ai fait un coupable mystere :
Non que, pour vous tromper, je voulusse m'en taire;
Mais d'un feu qu'en mon sein j'avois cru renfermer,

IDOMÉNÉE.

Eh! qui, seigneur, encore a pu vous informer?
Ah! quoiqu'il soit trop vrai que j'adore Erixene...

IDOMÉNÉE.

Poursuivez, dieux cruels! ajoutez à ma peine:
Me voilà parvenu, par tant de maux divers,
A pouvoir défier le ciel et les enfers.
Je ne redoute plus votre courroux funeste,
Impitoyables dieux! ce coup en est le reste.
Sur mon peuple à présent signalez vos fureurs,
Et, si ce n'est assez, versez-les dans nos cœurs.
Voyez-nous tous les deux, saisis de votre rage,
Egorgés l'un par l'autre, achever votre ouvrage.
Par de nouveaux dangers arrachez-moi des vœux:
Me ferez-vous jamais un sort plus rigoureux?

IDAMANTE.

Où s'égare, seigneur, votre ame furieuse?
Erixene cessoit de vous être odieuse,
Disiez-vous; et pour elle un reste de pitié
Sembloit vous dépouiller de toute inimitié.
Haïrez-vous toujours cet objet adorable?

IDOMÉNÉE.

Si je le haïssois, seriez-vous si coupable?
O de tous les malheurs malheur le plus fatal!

IDAMANTE.

Seigneur!...

ACTE III, SCENE V.

IDOMÉNÉE.

Ah! fils cruel, vous êtes mon rival.

IDAMANTE.

O ciel!

IDOMÉNÉE.

De quelle main part le trait qui me blesse!
Réserviez-vous, cruel! ce prix à ma tendresse?
Je ne verrai donc plus dans mes tristes états
Que des dieux ennemis et des hommes ingrats!
Quoi! toujours du destin la barbare injustice
De tout ce qui m'est cher fera donc mon supplice!
Imprudent que j'étois! et j'allois couronner
Ce fils qu'à ma fureur je dois abandonner!
Mais c'en est fait; l'amour de mon devoir décide.

IDAMANTE.

Mon père!...

IDOMÉNÉE.

O nom trop doux pour un fils si perfide!

IDAMANTE.

N'accablez point, seigneur, un fils infortuné,
A des maux infinis par l'Amour condamné.
Puisqu'enfin votre cœur s'en est laissé surprendre,
Jugez si d'Érixene on pouvoit se défendre.
Hélas! je ne craignois, adorant ses appas,
Que d'aimer un objet qui ne vous plairoit pas;

Et mon cœur, trop épris d'une odieuse chaîne,
Oublioit son devoir dans les yeux d'Érixene.
Mais si l'aimer, seigneur, est un si grand forfait,
L'Amour m'en punit bien par les maux qu'il me fait.

IDOMÉNÉE.

Voilà l'unique fruit qu'il en falloit attendre.
D'un amour criminel qu'osiez-vous donc prétendre?
Et quel étoit l'espoir de vos coupables feux,
Quand chaque jour le crime augmentoit avec eux?
Qu'Érixene à mes yeux fût odieuse ou chere,
Vos feux également offensoient votre pere.
Je veux bien, cependant, juge moins rigoureux,
Vous en accorder, prince, un pardon généreux :
Mais pourvu que votre ame, à mes desirs soumise,
Renonce à tout l'amour dont je la vois éprise.

IDAMANTE.

Ah! quand même mon cœur oseroit le vouloir,
Aimer, ou n'aimer pas, est-il en mon pouvoir?
Je combattrois en vain une ardeur téméraire ;
L'Amour m'en a rendu le crime nécessaire.
Malgré moi, de ce feu je vis mon cœur atteint ;
Peut-être, malgré moi, je l'y verrois éteint.
Mais ce cœur, à l'amour que je n'ai pu soustraire,
Dans le rival du moins aime toujours un pere.
Par un nom si sacré tout autre suspendu...

ACTE III, SCENE V.

IDOMÉNÉE.

Dans le nom d'un rival tout nom est confondu.
Vous n'êtes plus mon fils, ou peu digne de l'être;
Je vois que tout mon sang n'en a formé qu'un traître.

IDAMANTE.

Où fuirai-je? grands dieux! De quels noms ennemis
Accablez-vous, seigneur, votre malheureux fils!
Ah! quels noms odieux me faites-vous entendre!
Quelle horreur pour un fils respectueux et tendre!
Songez-vous que ce fils est encor devant vous,
Ce fils long-temps l'objet de sentiments plus doux?
Brûlant d'un feu cruel que je ne puis éteindre,
Vous me devez, seigneur, moins haïr que me plaindre;
Et si ma flamme enfin est un crime si noir,
Vous êtes bien vengé par mon seul désespoir.
Cessez de m'envier une importune flamme.
Odieux à l'objet qui sait charmer mon ame,
Abhorré d'un rival que j'aimerai toujours,
Seigneur, voilà le fruit de mes tristes amours.
Mais puisque de ce feu, qui tous deux nous anime,
Sur mon cœur trop épris est tombé tout le crime,
Je saurai m'en punir; et je sens que ce cœur
Vous craint déja bien moins que sa propre fureur.
Désormais tout en proie au transport qui me guide,
Je vous délivrerai de ce fils si perfide.

Si mon coupable cœur vous trahit malgré moi,
Mon bras, plus innocent, saura venger mon roi :
Ce n'est pas d'aujourd'hui qu'il sert votre vengeance ;
Et je vais en punir ce cœur qui vous offense.
   (*il tire son épée.*)
Soyez donc satisfait...

    IDOMÉNÉE, *l'arrêtant.*

     Arrêtez, furieux...

    IDAMANTE.

Laissez couler le sang d'un rival odieux.

    IDOMÉNÉE.

Mon fils...

    IDAMANTE.

  D'un nom si cher m'honorez-vous encore ?
Laissez-moi me punir d'un feu qui me dévore.

    IDOMÉNÉE.

Ma vertu jusque-là ne sauroit se trahir...
Va, fils infortuné... je ne te puis haïr...

    IDAMANTE.

Ah ! seigneur...

    IDOMÉNÉE.

   Laissez-moi, fuyez ma triste vue ;
Ne renouvelons plus un discours qui me tue.

SCENE VI.

IDOMÉNÉE.

Inexorables dieux, vous voilà satisfaits!
Pour un nouveau courroux vous reste-t-il des traits?
Finis tes tristes jours, pere, amant déplorable...
Vengeons-nous bien plutôt, si mon fils est coupable.
Que sais-je si l'ingrat ne s'est point fait aimer?
Sans doute, puisqu'il aime, il aura su charmer.
Il triomphe en secret de mon amour funeste;
Il est aimé; je suis le seul que l'on déteste.
Tout mon courroux renaît de ce seul souvenir.
Livrons l'ingrat aux dieux. Qui me peut retenir?
Coule sur nos autels tout le sang d'Idamante...
Coule plutôt le tien...

SCENE VII.

IDOMÉNÉE, SOPHRONYME.

IDOMÉNÉE.

Quel objet se présente?
Ah! c'est toi. Quel malheur au mien peut être égal!
Sophronyme, mon fils...

IDOMÉNÉE.

SOPHRONYME.

Seigneur?

IDOMÉNÉE.

Est mon rival!

SOPHRONYME.

Il est temps pour jamais d'oublier l'inhumaine.
Ignorez-vous, seigneur, le crime d'Érixene,
Celui de Mérion ici renouvelé?
L'arrêt des dieux enfin au peuple est révélé:
Par Égésippe instruit...

IDOMÉNÉE.

Ciel! que viens-tu m'apprendre?

SOPHRONYME.

Du port, où par votre ordre il m'a fallu descendre,
Je revenois, seigneur; un grand peuple assemblé
M'attire par ses cris, par un bruit redoublé.
Par le sens de l'oracle Érixene trompée,
Du soin de se venger toujours plus occupée,
De l'intérêt des dieux prétextant son courroux,
Tâchoit de soulever vos sujets contre vous,
De tout par Égésippe encor plus mal instruite,
A vos sujets tremblants révéloit votre fuite,
Leur disoit que le Ciel, pour unique secours,
Attachoit leur salut à la fin de vos jours...
Pour eux, par leurs regrets, du grand Idoménée
Contents de déplorer la triste destinée,

Ils sembloient seuls frappés par l'arrêt du destin.
Égésippe a voulu les exciter en vain.
Pour moi, qui frémissois de tant de perfidie,
Je le poursuis, l'atteins, et le laisse sans vie,
Désabuse le peuple; et, content désormais,
J'ai ramené, seigneur, la princesse au palais.

IDOMÉNÉE.

Sujets infortunés, qu'en mon cœur je déplore,
Au milieu de vos maux me plaignez-vous encore?
Ce qui m'aime, à sa perte est par moi seul livré;
Et tout ce qui m'est cher, contre moi conjuré!
Cruel à notre tour, qu'Idamante périsse;
De celui d'Érixene augmentons son supplice;
Faisons-leur du trépas un barbare lien;
Dans leur sang confondu mêlons encor le mien...
Vains transports qu'a formés ma fureur passagere!
Hélas! qui fut jamais plus amant et plus pere...!
Mes peuples cependant par moi seul accablés...

SOPHRONYME.

Ah! seigneur, leurs tourments sont encor redoublés.
Depuis que le destin a fait des misérables,
On n'éprouva jamais de maux plus redoutables.
Je frémis des horreurs où ce peuple est réduit:
Un gouffre sous Ida s'est ouvert cette nuit;
Ce roc, qui jusqu'aux cieux sembloit porter sa cime,
Au lieu qu'il occupoit n'a laissé qu'un abîme;

Et de ce roc entier à nos yeux disparu,
Loin d'en être comblé, ce gouffre s'est accru;
Nous touchons tout vivants à la rive infernale :
De ce gouffre profond un noir venin s'exhale;
Et vos sujets, frappés par des feux dévorants,
Tombent de toutes parts, déja morts ou mourants;
Aux seuls infortunés le trépas se refuse...

IDOMÉNÉE.

Et c'est de tant d'horreurs les dieux seuls qu'on accuse!
Mais quoi! toujours les dieux! et qui d'eux ou de moi,
Négligeant sa promesse, a donc manqué de foi?
Malheureux! tes serments, qu'a suivis le parjure,
Ont soulevé les dieux et toute la nature.
Pour sauver un ingrat tes soins pernicieux
Trop long-temps sur ton peuple ont exercé les dieux;
A tes sujets enfin cesse d'être contraire.
Eh! que leur sert un roi, s'il ne leur sert de pere?
Leur salut désormais est ta suprême loi;
Et le sang de son peuple est le vrai sang d'un roi...
Depuis quand tes sujets t'éprouvent-ils si tendre?
Depuis quand ce devoir...? l'amour vient te l'apprendre :
Voilà de ces grands soins le retour trop fatal.
Tu n'es roi que depuis qu'un fils est ton rival;
Contre lui l'amour seul arme tes mains impies :
Voilà le dieu, barbare! à qui tu sacrifies.
Étouffons tout l'amour dont mon cœur est épris,

N'y laissons plus régner que la gloire et mon fils.
Sur les mêmes vaisseaux préparés pour sa fuite
Qu'Érixene à Samos aujourd'hui soit conduite.
Allons... et que mon cœur, délivré de ses feux,
Commence par l'Amour à triompher des dieux.

FIN DU TROISIEME ACTE.

ACTE QUATRIEME.

SCENE PREMIERE.

ÉRIXENE, ISMENE.

ÉRIXENE.
En vain tu veux calmer le transport qui m'agite.
Foibles raisonnements dont ma douleur s'irrite !
Laisse-moi, porte ailleurs tes funestes avis ;
Il m'en a trop coûté pour les avoir suivis.
Vois ce qu'à tes conseils aujourd'hui trop soumise
Je viens de recueillir d'une vaine entreprise :
Vois ce que ta fureur et la mienne ont produit ;
Mon départ et ma honte en seront tout le fruit.
Je ne reverrai plus ce prince que j'adore ;
Et, pour comble d'horreur, mon amour croît encore.
En armant contre lui mon devoir inhumain,
Cruelle ! tu m'as mis un poignard dans le sein.
Cher prince, pardonnez...

SCENE II.

IDAMANTE, ÉRIXENE, ISMENE.

ISMENE.
Je le vois qui s'avance.
De vos transports du moins cachez la violence.
ÉRIXENE.
Eh! comment les cacher? je sais que je le dois :
Mais le puis-je, et le voir pour la derniere fois?
Fuyons-le cependant; sa présence m'étonne.
IDAMANTE.
Où fuyez-vous, madame?
ÉRIXENE.
Où mon devoir l'ordonne.
IDAMANTE.
Du moins à la pitié laissez-vous émouvoir :
Vous ne l'avez que trop signalé ce devoir.
Avec tant de courroux, hélas! qu'a-t-il à craindre?
Vous ne m'entendrez plus soupirer ni me plaindre.
Vous partez; je vous aime, et vous me haïssez;
Mes malheurs dans ces mots semblent être tracés.
Cependant ce départ, mon amour, votre haine,
Ne font pas aujourd'hui ma plus cruelle peine :
C'étoit peu que votre ame, insensible à mes vœux,

Eût de tout son courroux payé mes tendres feux ;
Ce malheureux amour que votre cœur abhorre,
Malgré tous vos mépris, que je chéris encore,
Cet amour qui, malgré votre injuste rigueur,
N'a jamais plus régné dans le fond de mon cœur,
Cet amour qui faisoit le bonheur de ma vie,
Il faut à mon devoir que je le sacrifie :
Non que mon triste cœur par ce cruel effort
Renonce à vous aimer ; mais je cours à la mort.
Heureux si mon trépas, devenu légitime,
Des pleurs que j'ai causés peut effacer le crime !
Mais si c'en étoit un d'adorer vos beaux yeux,
Je ne suis pas le seul criminel en ces lieux :
Ce qu'en vain Mérion attendoit de ses armes,
Vous seule en un moment l'avez pu par vos charmes.
Tout vous livre à l'envi cet empire fatal :
Régnez, vous le pouvez... mon pere est mon rival.

ÉRIXENE.

Je connois les transports et de l'un et de l'autre,
Et je sais jusqu'où va son audace et la vôtre ;
Son téméraire amour n'a que trop éclaté.

IDAMANTE.

Sans vous en offenser vous l'avez écouté !
Je ne m'étonne plus du malheur qui m'accable,
Ni que vos yeux cruels me trouvent si coupable.
Votre cœur, à son tour épris pour un héros,

ACTE IV, SCENE II.

N'a pas toujours haï tout le sang de Minos;
Pour mon pere en secret vous brûliez, inhumaine!
Et moi seul en ces lieux j'exerçois votre haine.
Quoi! vous m'abandonnez à mes soupçons jaloux!
Suis-je le malheureux? madame, l'aimez-vous?

ÉRIXENE.

Moi, je pourrois l'aimer! et dans le fond de l'ame
J'aurois sacrifié mon devoir à sa flamme!
Dieux! qu'est-ce que j'entends! Seigneur, osez-vous bien
Reprocher à mon cœur l'égarement du sien?
Après ce qu'a produit sa cruauté funeste,
Qui? moi! j'approuverois des feux que je déteste,
Un amour par le sang, par mes pleurs condamné,
Et devenu forfait dès l'instant qu'il est né!
Ouvrez vos yeux, cruel! et voyez quel spectacle
A mis à son amour un invincible obstacle:
Son crime dans ces lieux est par-tout retracé;
Le sang qui les a teints n'en est point effacé;
Là mon pere sanglant vint s'offrir à ma vue
Et tomber dans les bras de sa fille éperdue;
Vos yeux comme les miens l'ont vu sacrifier:
Faut-il d'autres témoins pour me justifier?
Tout ce que j'ai tenté pour m'immoler sa tête,
L'oracle révélé, mon départ qui s'apprête,
Ma fierté, ma vertu, cent outrages récents,
Voilà pour mon devoir des titres suffisants.

Ne croyez pas, seigneur, que mon cœur les oublie...
Mais que dis-je?... et d'où vient que je me justifie?
Gardez tous vos soupçons; bien loin de les bannir,
Je dois aider moi-même à les entretenir.

IDAMANTE.

Eh bien! pour m'en punir, désormais moins sévere,
Regardez sans courroux la flamme de mon pere:
Il vous aime, madame, il est digne de vous.
Si j'ai fait éclater des sentiments jaloux,
Pardonnez aux transports de mon ame éperdue:
Je ne connoissois point le poison qui me tue;
Mais, quel que soit l'amour dont je brûle aujourd'hui,
Ma vertu contre vous deviendra mon appui;
Je verrai sans regret parer du diadême
Un front que mon amour n'en peut orner lui-même.
Remontez dès ce jour au rang de vos aïeux;
Votre vertu, madame, appaisera les dieux:
Que ne pourra sur eux une reine si belle!
Pour moi, jusqu'à la mort toujours tendre et fidele,
J'irai sans murmurer, loin de lui, loin de vous,
Sacrifier au roi mon bonheur le plus doux...
Mais on vient... C'est lui-même... il vous cherche, madame.
Dieux! quel trouble cruel s'éleve dans mon ame!
Vous ne partirez point, puisqu'il veut vous revoir;
Vous régnerez: ô ciel! quel est mon désespoir!

SCENE III.

IDOMÉNÉE, ÉRIXENE, SOPHRONYME,
ISMENE.

ÉRIXENE.

Vous triomphez, seigneur; ma vengeance échouée
Par le sort ennemi se voit désavouée:
Ainsi ne forcez plus des yeux baignés de pleurs
A revoir de mes maux les barbares auteurs.
D'un sang qu'il faut venger par-tout environnée,
Et pour toute vengeance aux pleurs abandonnée,
Pour appaiser la voix de ce sang qui gémit
Je n'entends que soupirs dont ma vertu frémit.
Hâtez par mon départ la fin de ma misere;
Laissez-moi loin de vous aller pleurer mon pere;
Permettez...

IDOMÉNÉE.

Vous pouvez, libre dans mes états,
Au gré de vos souhaits déterminer vos pas:
Mes ordres sont donnés, et la mer appaisée
Offre de toutes parts une retraite aisée;
Mes vaisseaux sont tout prêts... Si la fin de mes jours
De vos pleurs cependant peut arrêter le cours,
Madame, demeurez... Ma tête condamnée

Du funeste bandeau va tomber couronnée;
Je vais, pour contenter vous et les immortels...
ÉRIXENE.
Je vais donc de ce pas vous attendre aux autels.

SCENE IV.

IDOMÉNÉE, SOPHRONYME.

SOPHRONYME.
Quel orgueil! Mais quel est ce dessein qui m'étonne?
Par vos ordres exprès quand son départ s'ordonne,
Pourquoi l'arrêtez-vous sur l'espoir d'un trépas...?
IDOMÉNÉE.
Pourquoi le lui cacher, et ne l'en flatter pas,
Puisque je vais mourir?
SOPHRONYME.
    Vous, mourir! dieux! qu'entends-je?
IDOMÉNÉE.
Pour t'étonner si fort qu'a ce dessein d'étrange?
Plût au sort que mes mains eussent moins différé
A rendre au ciel un sang dont il est altéré!
Pour conserver celui que sa rigueur demande
C'est le mien aujourd'hui qu'il faut que je répande.
SOPHRONYME.
Que dites-vous, seigneur? quel affreux désespoir!

ACTE IV, SCENE IV.

IDOMÉNÉE.

D'un nom plus glorieux honore mon devoir :
Quand j'aurai vu mon fils, je cours y satisfaire.
Je n'attends plus de vous qu'une paix sanguinaire,
Dieux justes : cependant d'un peuple infortuné
Détournez le courroux qui m'étoit destiné ;
Cessez à mes sujets de déclarer la guerre,
Et jusqu'à mon trépas suspendez le tonnerre ;
Tout mon sang va couler.

SOPHRONYME.

     D'un si cruel transport
Qu'espérez-vous?

IDOMÉNÉE.

     Du moins la douceur de la mort.
Je n'obéirai point; le ciel impitoyable
M'offre en vain en ces lieux un spectacle effroyable.
Les mortels peuvent-ils vous offenser assez
Pour s'attirer les maux dont vous les punissez,
Dieux puissants? Qu'ai-je vu! quel funeste ravage!
J'ai cru me retrouver dans le même carnage
Où mon bras se plongeoit sur les bords phrygiens,
Pour venger Ménélas des malheureux Troyens.
Les maux des miens, hélas! sont-ils moins mon ouvrage?
Une seconde Troie a signalé ma rage :
J'ai revu mes sujets, si tendres pour leur roi,
Pâles et languissants se traîner après moi;

IDOMÉNÉE.

Tu les as vus, tout prêts à perdre la lumiere,
S'empresser pour revoir l'auteur de leur misere.
Non, j'ai le cœur encor tout percé de leurs cris;
J'ai cru dans chacun d'eux voir expirer mon fils.
De leur salut enfin cruel dépositaire,
Essayons si ma mort leur sera salutaire.
Meurs du moins, roi sans foi, pour ne plus résister
A ces dieux que ta main ne veut pas contenter.

SOPHRONYME.

Dans un si grand projet votre vertu s'égare;
A des crimes nouveaux votre cœur se prépare.
Vous mourrez moins, seigneur, pour contenter les dieux
Que pour vous dérober au devoir de vos vœux.
Voulez-vous, ajoutant le mépris à l'offense,
Porter jusqu'aux autels la désobéissance?
Vous vous offrez en vain pour fléchir sa rigueur;
Le ciel veut moins de nous l'offrande que le cœur.
Qu'espérez-vous, seigneur? que prétendez-vous faire?
Aux dieux, à vous, à nous, de plus en plus contraire,
Voulez-vous, n'écoutant qu'un transport furieux,
Faire couler sans fruit un sang si précieux?
Eh! qui de nous, hélas! témoin du sacrifice,
Voudra de votre mort rendre sa main complice?
Qui, prêt à se baigner dans le sang de son roi,
Voudroit charger sa main de cet horrible emploi?
Qui de nous contre lui n'armeroit pas la sienne?

ACTE IV, SCENE IV.

IDOMÉNÉE.

Je le sais, et n'attends ce coup que de la mienne.

SOPHRONYME.

Eh bien! avant ce coup, de cette même main
Plongez-moi donc, seigneur, un poignard dans le sein :
Dût retomber sur moi le transport qui vous guide,
Je ne souffrirai point cet affreux parricide;
Nulle crainte en ce jour ne sauroit m'émouvoir
Lorsqu'il faut vous sauver de votre désespoir.
Je ne vous connois plus; le grand Idoménée
Laisse à tous ses transports son ame abandonnée;
Ce héros, rebuté d'avoir tant combattu,
A donc mis de lui-même un terme à sa vertu.
Jetez sur vos sujets un regard moins sévere;
Ils vous ont appelé du sacré nom de pere :
De cet auguste nom dédaignant tous les nœuds,
Avez-vous condamné vos sujets malheureux?
Abandonnerez-vous ce peuple déplorable,
Que votre mort va rendre encor plus misérable?
Que lui destinez-vous par ce cruel trépas,
Qu'un coup de désespoir qui ne le sauve pas?

IDOMÉNÉE.

Tu juges mal des dieux; leur courroux équitable
S'appaisera bientôt par la mort du coupable.
Je vais enfin, pour prix de ce qu'ils ont sauvé,
Rendre à ces mêmes dieux ce qu'ils ont conservé

Mon cœur, purifié par le feu des victimes,
Mettra fin à vos maux, mettant fin à mes crimes.
Je sens même déja dans ce cœur s'allumer
L'ardeur du feu sacré qui le doit consumer.
Chaque pas, chaque instant qui retarde mon zele
Plonge de mes sujets dans la nuit éternelle.
Ne m'oppose donc plus d'inutiles discours;
Facilite plutôt le trépas où je cours.
Veux-tu, par les efforts que ton amitié tente,
Conduire le couteau dans le sein d'Idamante?
Si je pouvois, hélas! l'immoler en ce jour,
Je croirois l'immoler moins aux dieux qu'à l'amour.
Qu'il regne; que sa tête, aujourd'hui couronnée,
Redonne à Sophronyme un autre Idoménée:
Que mon fils, à son tour, assuré sur ta foi,
Retrouve dans tes soins tout ce qu'il perd en moi;
Que par toi tous ses pas, tournés vers la sagesse,
D'un torrent de flatteurs écartent sa jeunesse.
Accoutume son cœur à suivre l'équité;
Conserve-lui sur-tout cette sincérité
Rare dans tes pareils, aux rois si nécessaire;
Sois enfin à ce fils ce que tu fus au pere:
Surmonte ta douleur en ce dernier moment,
Et reçois mes adieux dans cet embrassement.

SOPHRONYME, *à genoux*.

Non, vous ne mourrez point; votre cœur inflexible

Nourrit en vain l'espoir d'un projet si terrible.
Immolez-moi, seigneur; ou craignez...
IDOMÉNÉE.

Leve-toi.

Quoique prêt à mourir je suis toujours ton roi:
Je veux être obéi; cesse de me contraindre.
Parmi tant de malheurs est-ce moi qu'il faut plaindre?
Vois quels sont les tourments qui déchirent mon cœur;
Et, par pitié du moins, laisse-moi ma fureur.

SCENE V.

IDAMANTE, IDOMÉNÉE, SOPHRONYME.

IDOMÉNÉE.

Je vois mon fils. Sur-tout que ta bouche fidele
De mes tristes projets lui cache la nouvelle:
Je n'en mourrois pas moins; et tes soins dangereux
Rendroient, sans me sauver, mon destin plus affreux.
Idamante, approchez; votre roi vous fait grace.
Venez, mon fils, venez, qu'un pere vous embrasse:
Ne craignez plus mes feux: par un juste retour
Je vous rends tout ce cœur que partageoit l'amour;
Oui, de ce même cœur qui s'en laissa surprendre,
Ce qu'il vous en ravit je vous le rends plus tendre.
Oublions mes transports, mon fils, embrassez-moi.

IDAMANTE.

Par quel heureux destin retrouvé-je mon roi?
Quel dieu, dans votre sein étouffant la colere,
Me rouvre encor les bras d'un si généreux pere?
Que cet embrassement pour un fils a d'appas!
Je le desirois trop pour ne l'obtenir pas.
Idamante, accablé des rigueurs d'Érixene,
N'en a point fait, seigneur, sa plus cruelle peine:
Hélas! quel bruit affreux a passé jusqu'à moi!
Vous m'en voyez tremblant et d'horreur et d'effroi.

IDOMÉNÉE.

Prince, de votre cœur que l'effroi se dissipe;
Ce n'est qu'un bruit semé par le traître Égésippe.
Quoi qu'il en soit, je vais, pour m'en éclaircir mieux,
Au pied de leurs autels interroger les dieux.
Heureux si, pour savoir leur volonté suprême,
Je les eusse plutôt consultés par moi-même!

IDAMANTE.

Permettez-moi, seigneur, d'accompagner vos pas.

IDOMÉNÉE.

Non, mon fils; où je vais vous ne me suivrez pas:
D'un mystere où des miens l'unique espoir se fonde
Je veux seul aujourd'hui percer la nuit profonde.
Vous apprendrez bientôt quel sang a dû couler;
Jusque-là votre cœur ne doit point se troubler.
Rejetez loin de vous une frayeur trop vaine.

ACTE IV, SCENE V.

J'appaiserai les dieux... Fléchissez Érixene...
Adieu...

IDAMANTE.

Permettez-moi...

IDOMÉNÉE.

Mon fils... Je vous l'ai dit...
Je vais seul aux autels, et ce mot vous suffit.

SCENE VI.

IDAMANTE, SOPHRONYME.

IDAMANTE.

Enfin à mes desirs on ne met plus d'obstacle.
Mais que vois-je? grands dieux! quel funeste spectacle!
Qui fait couler ces pleurs qui me glacent d'effroi?
Sophronyme, parlez...

SOPHRONYME.

Qu'exigez-vous de moi?
O déplorable sang! famille infortunée!
Fils trop digne des pleurs du grand Idoménée!

IDAMANTE.

A mon cœur éperdu quel soupçon vient s'offrir!
Parlez, où va le roi?

SOPHRONYME.

Seigneur, il va mourir.

ACTE IV, SCENE VI.

IDAMANTE.

Ah ciel!

SOPHRONYME.

A sa fureur mettez un prompt obstacle:
Eh! ce n'est pas son sang que demande l'oracle.

IDAMANTE.

Quoi! ce n'est pas son sang! qu'entends-je? quelle horreur!
C'est donc le mien?

SOPHRONYME.

Hélas! j'en ai trop dit, seigneur.

FIN DU QUATRIEME ACTE.

ACTE CINQUIEME.

SCENE PREMIERE.

IDAMANTE, POLYCLETE.

IDAMANTE.

Qu'ai-je entendu? grands dieux! quel horrible mystere
M'avoit long-temps voilé l'amitié de mon pere!
A la fin, sans nuage il éclate à mes yeux,
Ce sacrilege vœu, ce mystere odieux.
Vous, peuples, qui craignez d'immoler la victime
Dont le sang doit fléchir le ciel qui vous opprime,
Peuples, cessez de plaindre un choix si glorieux;
Il est beau de mourir pour appaiser les dieux.
   (*à Polyclete.*)
Seche ces pleurs honteux où ta douleur te livre:
Que servent tes regrets? que te sert de me suivre?
Dissipe tes soupçons; ne crains rien; laisse-moi:
Je te l'ordonne enfin, va retrouver le roi.
Hélas! quoique sa main, par mes soins désarmée,

IDOMÉNÉE.

Ne laisse aucune crainte à mon ame alarmée,
Quoique par-tout sa garde accompagne ses pas,
Cependant, s'il se peut, ne l'abandonne pas.
Je voudrois avec toi le rejoindre moi-même;
Mais je crains les transports de sa douleur extrême:
Je me sens pénétrer de ses tendres regrets,
Et ne puis, sans mourir, voir ces tristes objets.

SCENE II.

IDAMANTE.

Enfin, loin des témoins dont l'aspect m'importune,
Je puis en liberté plaindre mon infortune;
Et mon cœur, déchiré des plus cruels tourments,
Peut donc jouir en paix de ses derniers moments.
Ciel! quel est mon malheur! quelle rigueur extrême!
Quel sort pour ennemis m'offre tout ce que j'aime!
Je trouve, en même jour, conjurés contre moi,
Les implacables dieux, ma princesse, et mon roi.
Pardonnez, dieux puissants, si je vous fais attendre;
Je le retiendrai peu ce sang qu'on va répandre:
Mon cœur de son destin n'est que trop éclairci.
Est-ce pour mes forfaits que vous tonnez ainsi,
Dieux cruels? Que dis-tu, misérable victime?
Né d'un sang criminel, te manque-t-il un crime?

Qu'avoient fait plus que toi ces peuples malheureux,
Que le ciel a couverts des maux les plus affreux?
Va, termine aux autels une innocente vie,
Sans accuser les dieux de te l'avoir ravie;
Et songe, en te flattant de leur choix rigoureux,
Que le sang le plus pur est le plus digne d'eux.
Pourrois-tu regretter, objet de tant de haine,
Quelques jours échappés aux rigueurs d'Érixene?
A qui peut éprouver un sort comme le mien,
La mort est-elle un mal, la vie est-elle un bien?
Hélas! si je me plains, et si mon cœur murmure,
Mes plaintes ne sont point l'effet de la nature:
Je crains bien moins le coup qui m'ôtera le jour,
Que le coup qui me doit priver de mon amour.
Allons, c'est trop tarder... D'où vient que je frissonne?
Est-ce qu'en ce moment ma vertu m'abandonne?
Hélas! il en est temps, courons où je le doi;
Je n'attends que la mort, et l'on n'attend que moi.
Assez sur ses projets mon ame combattue
  A cédé...

SCENE III.

ÉRIXENE, IDAMANTE, ISMENE.

IDAMANTE.
Quel objet vient s'offrir à ma vue!
Ah! fuyons... mon devoir parleroit vainement,
Si je pouvois encore...

ÉRIXENE.
    Arrêtez un moment.
Vous me voyez, seigneur, inquiete, éperdue;
De mortelles frayeurs je me sens l'ame émue.
De mon devoir toujours prête à subir la loi,
Je courois aux autels, peut-être malgré moi :
J'allois voir immoler, dans ma juste colere,
Le sang d'Idoménée aux mânes de mon pere.
Qu'ai-je fait! et de quoi se flattoit mon courroux!
On dit que les effets n'en tombent que sur vous.
De grace, éclaircissez mon trouble et mes alarmes
D'un peuple qui gémit et les cris et les larmes,
Des pleurs qu'en ce moment je ne puis retenir,
Tout dans ce trouble affreux sert à m'entretenir.

IDAMANTE.
Il est vrai que le ciel, juste, quoique sévere,
Semble enfin respecter la tête de mon pere :

ACTE V, SCENE III.

Sous le couteau mortel la mienne va tomber,
Et sous l'arrêt fatal je dois seul succomber,
Madame; trop heureux si la mort que j'implore
Appaise le courroux de tout ce que j'adore!
Si je puis désarmer le ciel et vos beaux yeux,
Je vais, par un seul coup, contenter tous mes dieux.

ÉRIXENE.

Seigneur, il est donc vrai qu'une promesse affreuse
Vous livre aux dieux vengeurs? Qu'ai-je fait, malheureuse!
J'ai révélé l'oracle; et ma funeste erreur
A d'un arrêt barbare appuyé la fureur.
Mais pouvois-je des dieux pénétrer le mystere,
Et croire vos vertus l'objet de leur colere;
Me défier enfin qu'avec eux de concert
J'eusse pu me prêter à la main qui vous perd?
Non, seigneur, non, jamais votre fiere ennemie
N'auroit voulu poursuivre une si belle vie.
Moi, la poursuivre! hélas! les dieux me sont témoins
Que mon cœur malheureux ne haït jamais moins.

IDAMANTE.

Quel bonheur est le mien! près de perdre la vie,
Qu'il m'est doux de trouver Érixene attendrie!

ÉRIXENE.

Oui, malgré mon devoir, je ressens vos malheurs;
Et ne puis les causer sans y donner des pleurs:
Je ne puis sans frémir voir le coup qui s'apprête;

Je ne le verrai point tomber sur votre tête.
Je vais quitter des lieux si terribles pour moi ;
Mais je n'y crains pour vous, ni les dieux, ni le roi :
Non, je ne puis penser qu'avec tant d'innocence
On ne puisse du ciel suspendre la vengeance.

IDAMANTE.

Ah! plutôt, s'il se peut, demeurez en ces lieux,
Où je vais appaiser la colere des dieux.
Madame, s'il est vrai qu'Érixene sensible
Ait laissé désarmer son courroux inflexible,
Au nom d'un tendre amour, conservez pour le roi
Cette même pitié que vous marquez pour moi.
Le coup cruel qui va trancher ma destinée
Tombera moins sur moi que sur Idoménée :
Il n'a que trop souffert d'un devoir rigoureux.
N'accablez plus, madame, un roi si malheureux...
Laissez-vous attendrir à ma juste priere ;
J'ose enfin implorer vos bontés pour mon pere.

ÉRIXENE.

Ciel! qu'est-ce que j'entends? et que me dites-vous?
Je sens, à ce nom seul, rallumer mon courroux.
Lui! votre pere! ô ciel! après son vœu funeste,
Gardez de proposer des nœuds que je déteste.
Que jusque-là mon cœur portât l'égarement!
Qui? lui!... le meurtrier d'un pere, d'un amant!
Ma haine contre lui sera toujours la même :

ACTE V, SCENE III.

Je l'abhorre... ou plutôt je sens que je vous aime...
Où s'égare mon cœur!... de ce que je me dois
Quel oubli! mes remords ont étouffé ma voix...
Quand je crois rejeter des nœuds illégitimes,
Mon cœur, au même instant, respire d'autres crimes.
Qu'ai-je dit? quel secret osai-je révéler?
Me reste-t-il encor la force de parler?
Ah! seigneur, puisqu'enfin je n'ai pu m'en défendre,
A d'éternels adieux vous devez vous attendre.

IDAMANTE.

Que dites-vous? ô ciel! ainsi donc votre cœur
Garde, même en aimant, sa premiere rigueur!
Calmez de ce transport l'injuste violence.
Votre amour est-il donc un reste de vengeance?
Faut-il en voir, hélas! tous mes maux redoubler?
Ne le déclarez-vous que pour m'en accabler?
Ah! cruelle, du moins au moment qu'il éclate,
Cessez de m'envier le bonheur qui me flatte.

ÉRIXENE.

Si ce foible bonheur vous flatte, il vous séduit:
Seigneur, de cet aveu ma mort sera le fruit.
Si je cede au transport où mon amour me livre,
A ma gloire du moins je ne sais point survivre.
Mon malheureux amour passe tous mes forfaits;
Je ne survivrai point à l'aveu que j'en fais.
Faut-il jusqu'à ce point que ma gloire s'oublie?

Ah! seigneur, cet aveu me coûtera la vie :
Que le destin épargne ou termine vos jours,
Oui, cet aveu des miens doit terminer le cours;
Et, quel que soit le sort que vous deviez attendre,
Je ne vous verrai plus, je n'en veux rien apprendre.
Adieu, seigneur, adieu. Qu'à jamais votre cœur
Garde le souvenir d'une si tendre ardeur :
Pour moi, dès ce moment, je vais fuir de la Crete.
Heureuse, si ma mort prévenoit ma retraite!

IDAMANTE.

Eh quoi! vous me fuyez! Ah! du moins, dans ces lieux,
Laissez-moi la douceur d'expirer à vos yeux :
Ne les détournez point dans ce moment funeste;
Laissez-moi voir encor le seul bien qui me reste.
Demeurez... ou ma mort...

ÉRIXENE.

Ah! de grace, seigneur,
Par ce cruel discours n'accablez pas mon cœur.
Mon devoir, malgré moi, vous défend de me suivre;
Mais l'amour, malgré lui, vous ordonne de vivre.

SCENE IV.

IDAMANTE.

Vous l'ordonnez en vain, je remplirai mon sort;

Et votre seul départ suffisoit pour ma mort.
Rien ne s'oppose plus au devoir qui m'entraîne:
Jusque-là, dieux puissants, suspendez votre haine.
Mais, qu'est-ce que j'entends?... je tremble, je frémis.

SCENE V.

IDOMÉNÉE, IDAMANTE, SOPHRONYME, POLYCLETE, GARDES.

IDOMÉNÉE.

Vous m'arrêtez en vain, je veux revoir mon fils.
Portez ailleurs les soins d'une amitié cruelle;
Respectez les transports de ma douleur mortelle.
Enfin je le revois... Je ne vous quitte pas:
Les dieux auront en vain juré votre trépas;
Ils ordonnent en vain cet affreux sacrifice;
Ma main de leur fureur ne sera point complice.

IDAMANTE.

Ah! seigneur, c'en est trop; n'irritez plus les dieux;
N'attirez plus enfin la foudre dans ces lieux;
Venez sans murmurer sacrifier ma vie.
Vous ignorez les maux dont elle est poursuivie.
Ah! si je vous suis cher, d'une tendre amitié
Je n'implore, seigneur, qu'un reste de pitié.
Terminez les malheurs d'un fils qui vous en presse;

Accomplissez enfin une auguste promesse.
De vos retardements voyez quel est le fruit :
D'ailleurs, de votre vœu tout le peuple est instruit.
Chaque instant de ma vie est au ciel un outrage ;
Acquittez-en ce vœu, puisqu'elle en fut le gage.

IDOMÉNÉE.

Inexorables dieux, par combien de détours
Avez-vous de mes soins su traverser le cours !
Que de votre courroux la fatale puissance
A bien su se jouer de ma vaine prudence !
Barbares, quand je meurs, qu'exigez-vous de moi ?
N'étoit-ce pas assez pour victime qu'un roi ?
Par un sang que versoit un repentir sincere
Je courois aux autels prêt à vous satisfaire.
Hélas ! quand j'ai cru voir la fin de mes malheurs,
Vous avez craint de voir la fin de vos fureurs.
Il eût fallu vous rendre au sang de la victime.
Gardez donc vos fureurs, et je reprends mon crime ;
Je désavoue enfin d'inutiles remords.

IDAMANTE.

Désavouez plutôt ces horribles transports ;
Voyez-en jusqu'ici l'audace infructueuse,
Et revenez aux soins d'une ame vertueuse.
De ces dieux, dont en vain vous bravez le courroux
Examinez, seigneur, sur qui tombent les coups.

ACTE V, SCENE V.

Faut-il, pour attendrir votre ame impitoyable,
Ramener sous vos yeux ce spectacle effroyable?
Tout périt; ce n'est plus qu'aux seuls gémissements
Qu'on peut ici des morts distinguer les vivants:
Dans la nuit du tombeau vos sujets vont descendre;
Un seul soupir encor semble les en défendre,
Seigneur; et ces sujets, prêts à s'immoler tous,
Offrent aux dieux vengeurs ce seul soupir pour vous.
D'un peuple pour son roi si tendre, si fidele,
Du sang de votre fils récompensez le zele.
Ces peuples, que le ciel soumit à votre loi,
Ne sont-ils pas, seigneur, vos enfants avant moi?
Terminez par ma mort l'excès de leur misere;
Dans ces tristes moments, soyez plus roi que pere:
Songez que le devoir de votre auguste rang
Ne permet pas toujours les tendresses du sang;
Versez enfin le mien, puisqu'il faut le répandre:
Par d'éternels forfaits voulez-vous le défendre?

IDOMÉNÉE.

Dût le ciel irrité nous rouvrir les enfers,
Dût la foudre à mes yeux embraser l'univers,
Dût tout ce qui respire, étouffé dans la flamme,
Servir de monument aux transports de mon ame,
Dussé-je enfin, de tout destructeur furieux,
Voir ma rage égaler l'injustice des dieux,

IDOMÉNÉE.
Je n'immolerai point une tête innocente.

IDAMANTE.
Ah! c'est donc trop long-temps épargner Idamante.
Après ce que je sais, après ce que je voi,
Qui fut jamais, seigneur, plus criminel que moi?
Chaque moment qui suit votre vœu redoutable
Rejette mille horreurs sur ma tête coupable:
Complice du refus que l'on en fait aux dieux,
Tout mon sang désormais me devient odieux.
Disputez-vous au ciel le droit de le reprendre?
M'enviez-vous, seigneur, l'honneur de vous le rendre?
Ah! d'un vœu qui vous rend aux vœux de votre fils,
Trop heureux que ce sang puisse faire le prix!
Sans ce vœu, triste objet de ma douleur profonde,
Je ne vous revoyois que le jouet de l'onde.
Le ciel, plus doux enfin, vous rend à mes souhaits:
Puis-je assez lui payer le plus grand des bienfaits?
Venez-en aux autels consacrer les prémices:
Signalons de grands cœurs par de grands sacrifices;
Et montrez-vous aux dieux plus grand que leur courroux,
Par un présent, seigneur, digne d'eux et de vous.

IDOMÉNÉE.
Pour ne t'immoler pas quand je me sacrifie,
Oses-tu me prier d'attenter à ta vie?
Fils ingrat, fils cruel, à périr obstiné,
Viens toi-même immoler ton pere infortuné:

ACTE V, SCENE V.

N'attends pas que, touché d'une indigne priere,
J'arme contre tes jours une main meurtriere;
Je saurai, malgré toi, t'en sauver désormais;
Et de ces tristes lieux je vais fuir pour jamais.

IDAMANTE.

Que dites-vous, seigneur? et quel dessein barbare...

IDOMÉNÉE.

N'accusez que vous seul du coup qui nous sépare.
Mes peuples, par vous-même instruits de votre sort,
Ne laissent à mon choix que la fuite ou la mort.

IDAMANTE.

Si l'intérêt d'un fils peut vous toucher encore,
Accordez à mes pleurs la grace que j'implore.

IDOMÉNÉE.

Vous tentez sur mon cœur des efforts superflus:
Adieu, mon fils... mes yeux ne vous reverront plus.

IDAMANTE, *à genoux*.

Ah! seigneur, permettez qu'à vos desirs contraire
J'ose encore opposer les efforts...

IDOMÉNÉE.

      Téméraire,
Arrêtez, ou craignez que mon juste courroux...

IDAMANTE.

Puisque par ma douleur je ne puis rien sur vous,
Soyez donc le témoin du transport qui m'anime.

(*il se tue.*)

Dieux, recevez mon sang; voilà votre victime...
IDOMÉNÉE.
Inhumain...! juste ciel...! Ah! pere malheureux,
Qu'ai-je vu?
IDAMANTE.
C'est le sang d'un prince généreux :
Le ciel pour s'appaiser n'en demandoit point d'autre.
IDOMÉNÉE.
Qu'avez-vous fait, mon fils?
IDAMANTE.
Mon devoir et le vôtre.
Telle en étoit, seigneur, l'irrévocable loi;
Il falloit le remplir, ou par vous, ou par moi.
Les dieux vouloient mon sang; ma main obéissante
N'a pas dû plus long-temps épargner Idamante.
De son sang répandu voyez quel est le fruit;
Le ciel est appaisé, l'astre du jour vous luit:
Trop heureux de pouvoir, dans mon malheur extrême,
Goûter, avant ma mort, les fruits de ma mort même!
IDOMÉNÉE.
Hélas! du coup affreux qui termine ton sort,
N'attends point d'autre fruit que celui de ma mort.
Dieux cruels! falloit-il qu'une injuste vengeance,
Pour me punir d'un crime, opprimât l'innocence?

FIN D'IDOMÉNÉE.

ATRÉE
ET THYESTE,

TRAGÉDIE EN CINQ ACTES,

REPRÉSENTÉE, POUR LA PREMIERE FOIS,

LE 14 MARS 1707.

PRÉFACE.

Quoique je ne connoisse que trop combien il est inutile de répondre au public, cette tendresse si naturelle aux hommes pour leurs ouvrages l'a emporté sur mes réflexions. Toute la prudence humaine est un frein léger pour un auteur qui se croit lésé. Ce n'est pas que je ne sache qu'il n'y a plus de salut à faire dans quelque préface que ce soit. Le public semble être devenu d'airain pour nous : inaccessible désormais à tous ces petits traités de paix que nous faisions autrefois avec lui dans nos préfaces, il nous fait de sa critique une espece de religion incontestable, et veut nous forcer de reconnoître en lui une infaillibilité, dont nous ne conviendrons que quand il nous louera : cela n'empêche pas qu'avec les meilleures raisons du monde nous n'ayions souvent tort. Plus nous voulons nous justifier, plus on nous croit entêtés : si nous sommes humbles, on nous trouve rampants; si nous sommes modestes, hypocrites; si nous répondons avec fermeté, nous manquons de respect. Un auteur est précisément comme un esclave qui dépend d'un maître capricieux, qui le maltraite souvent sans sujet, et qui veut pourtant le maltraiter sans réplique. Que le lecteur ne me sache point mauvais gré si je me trouve aujourd'hui entre ses mains; ce n'est assurément point ma faute. Je proteste, avec toute la bonne foi qu'on peut exiger de moi en pareille occasion, que j'avois renoncé pour jamais à la tentation de me faire mettre sous la presse. Il y a près de trois ans que je refusois constamment mon Atrée; et je ne l'aurois effectivement jamais donné si on ne me l'eût fait voir imprimé en Hollande avec tant de fautes, que les entrailles de pere s'émurent : je ne pus sans pitié le voir ainsi mutilé. Les fautes d'un imprimeur avec celles d'un auteur, c'en est trop de moitié. C'est ce qui me détermina en même temps à donner Electre,

PRÉFACE.

pour qui je craignois un sort semblable; et avec une préface, qui pis est. Pour Idoménée, ce fut une témérité de jeune homme qui ne connoît point le risque de l'impression. Mais ce n'est pas cela dont il s'agit; c'est d'Atrée. Il n'y a presque personne qui ne se soit soulevé contre ce sujet. Je n'ai rien à répondre, si ce n'est que je n'en suis pas l'inventeur. Je vois bien que j'ai eu tort de concevoir trop fortement la tragédie comme une action funeste qui devoit être présentée aux yeux des spectateurs sous des images intéressantes, qui doit les conduire à la pitié par la terreur, mais avec des mouvements et des traits qui ne blessent ni leur délicatesse ni les bienséances. Il ne reste plus qu'à savoir si je les ai observées, ces bienséances si nécessaires: j'ai cru pouvoir m'en flatter. Je n'ai rien oublié pour adoucir mon sujet et pour l'accommoder à nos mœurs : pour ne point offrir Atrée sous une figure désagréable, je fais enlever Aerope aux autels mêmes, et je mets ce prince (s'il m'est permis d'en faire ici la comparaison) justement dans le cas de la Coupe enchantée de La Fontaine :

> L'étoit-il ? ne l'étoit-il point ?

J'ai altéré par-tout la fable pour rendre sa vengeance moins affreuse; et il s'en faut bien que mon Atrée soit aussi cruel que celui de Séneque. Il m'a suffi de faire craindre pour Thyeste toutes les horreurs de la coupe que son frere lui prépare, et il n'y porte pas seulement les levres. J'avouerai cependant que cette scene me parut terrible à moi-même; elle me fit frémir, mais ne m'en sembla pas moins digne de la tragédie. Je ne vois pas qu'on doive plutôt l'en exclure que celle où Cléopâtre, dans Rodogune, après avoir fait égorger un de ses fils, veut empoisonner l'autre aux yeux des spectateurs. De quelque indignation qu'on se soit armé contre la cruauté d'Atrée, je ne crois pas qu'on puisse mettre sur la scene tragique un tableau plus parfait que celui de la situation où se trouve le malheureux Thyeste, livré sans secours à la fureur du plus barbare de tous les hommes. Quoiqu'on se fût laissé attendrir aux

larmes et aux regrets de ce prince infortuné,
on ne s'en éleva pas moins contre moi ; on
eut la bonté de me laisser tout l'honneur de
l'invention ; on me chargea de toutes les iniquités d'Atrée ; et l'on me regarde encore
dans quelques endroits comme un homme
noir avec qui il ne fait pas sûr de vivre :
comme si tout ce que l'esprit imagine devoit
avoir sa source dans le cœur ! Belle leçon
pour les auteurs, qui ne peut trop leur apprendre avec quelle circonspection il faut
comparoître devant le public ! une jolie
femme obligée de se trouver parmi des prudes ne doit pas s'observer avec plus de soin.
Enfin je n'aurois jamais cru que, dans un pays
où il y a tant de maris maltraités, Atrée eût
eu si peu de partisans. Pour ce qui regarde
la double réconciliation qu'on me reproche,
je déclare par avance que je ne me rendrai
jamais sur cet article. Atrée élève Plisthene
pour faire périr un jour Thyeste par les
mains de son propre fils ; il surprend un serment à ce jeune prince, qui désobéit cependant à la vue de Thyeste. Atrée n'a donc plus

de ressource que dans la dissimulation : il feint une pitié qu'il ne peut sentir. Il se sert ensuite des moyens les plus violents pour obliger Plisthene à exécuter son serment ; ce qu'il refuse de faire. Atrée, qui veut se venger de Thyeste d'une maniere digne de lui, ne peut donc avoir recours qu'à une seconde réconciliation. J'ose dire que tout ce qu'un fourbe peut employer d'adresse est mis en œuvre par ce prince cruel. Il est impossible que Thyeste lui-même, fût-il aussi fourbe que son frere, ne donne dans le piege qui lui est tendu. On n'a qu'à lire la piece sans prévention, l'on verra que je n'ai point tort ; et si cela est, plus Atrée est fourbe, et mieux j'ai rempli son caractere ; puisque la trahison et la dissimulation sont presque toujours inséparables de la cruauté.

Cette préface ne concerne que la premiere édition de mes œuvres, et j'ai cru devoir la laisser telle qu'elle est entre les mains de tout le monde : mais comme le public, à l'égard d'Atrée, ne s'est point piqué dans ses jugemens de cette prétendue infaillibilité que j'ai osé lui reprocher, il est bien juste, puisqu'il a changé de sentiment, que je change de style, et que je fasse succéder la reconnoissance aux plaintes : bien entendu que je ne les lui épargnerai pas, s'il s'avise jamais de ne prendre plus à quelques unes de mes pieces le même plaisir qu'il y a pris autrefois.

ACTEURS.

ATRÉE, roi d'Argos.
THYESTE, roi de Mycenes, frere d'Atrée.
PLISTHENE, fils d'Aerope et de Thyeste, cru fils d'Atrée.
THÉODAMIE, fille de Thyeste.
EURYSTHENE, confident d'Atrée.
ALCIMÉDON, officier de la flotte.
THESSANDRE, confident de Plisthene.
LÉONIDE, confidente de Théodamie.
SUITE D'ATRÉE.
GARDES.

La scene est à Chalcys, capitale de l'isle d'Eubée, dans le palais d'Atrée.

ATRÉE ET THYESTE.

Mais que vois-je, perfide? Ah grands dieux! qu'elle horreur!
C'est du sang!

ATRÉE ET THYESTE,

TRAGÉDIE.

ACTE PREMIER.

SCENE PREMIERE.

ATRÉE, EURYSTHENE, ALCIMÉDON,
GARDES.

ATRÉE.

Avec l'éclat du jour je vois enfin renaître
L'espoir et la douceur de me venger d'un traître.
Les vents, qu'un dieu contraire enchaînoit loin de nous,
Semblent avec les flots exciter mon courroux;
Le calme, si long-temps fatal à ma vengeance,
Avec mes ennemis n'est plus d'intelligence;
Le soldat ne craint plus qu'un indigne repos

Avilisse l'honneur de ses derniers travaux.
Allez, Alcimédon; que la flotte d'Atrée
Se prépare à voguer loin de l'isle d'Eubée :
Puisque les dieux jaloux ne l'y retiennent plus,
Portez à tous ses chefs mes ordres absolus;
Que tout soit prêt.

SCENE II.

ATRÉE, EURYSTHENE, GARDES.

ATRÉE, *à ses gardes.*
Et vous, que l'on cherche Plisthene;
Je l'attends en ces lieux. Toi, demeure, Eurysthene.

SCENE III.

ATRÉE, EURYSTHENE.

ATRÉE.
Enfin ce jour heureux, ce jour tant souhaité
Ranime dans mon cœur l'espoir et la fierté.
Athenes, trop long-temps l'asile de Thyeste,
Éprouvera bientôt le sort le plus funeste;
Mon fils, prêt à servir un si juste transport,
Va porter dans ses murs et la flamme et la mort.

ACTE I, SCENE III.

EURYSTHENE.

Ainsi, loin d'épargner l'infortuné Thyeste,
Vous détruisez encor l'asile qui lui reste.
Ah! seigneur, si le sang qui vous unit tous deux
N'est plus qu'un titre vain pour ce roi malheureux,
Songez que rien ne peut mieux remplir votre envie
Que le barbare soin de prolonger sa vie :
Accablé des malheurs qu'il éprouve aujourd'hui,
Le laisser vivre encor, c'est se venger de lui.

ATRÉE.

Que je l'épargne, moi! lassé de le poursuivre,
Pour me venger de lui, que je le laisse vivre!
Ah! quels que soient les maux que Thyeste ait soufferts,
Il n'aura contre moi d'asile qu'aux enfers :
Mon implacable cœur l'y poursuivroit encore,
S'il pouvoit s'y venger d'un traître que j'abhorre :
Après l'indigne affront que m'a fait son amour
Je serai sans honneur tant qu'il verra le jour.
Un ennemi qui peut pardonner une offense,
Ou manque de courage, ou manque de puissance.
Rien ne peut arrêter mes transports furieux :
Je voudrois me venger, fût-ce même des dieux.
Du plus puissant de tous j'ai reçu la naissance,
Je le sens au plaisir que me fait la vengeance :
Enfin mon cœur se plaît dans cette inimitié ;
Et s'il a des vertus, ce n'est pas la pitié.

Ne m'oppose donc plus un sang que je déteste;
Ma raison m'abandonne, au seul nom de Thyeste:
Instruit par ses fureurs à ne rien ménager,
Dans les flots de son sang je voudrois le plonger.
Qu'il n'accuse que lui du malheur qui l'accable.
Le sang qui nous unit me rend-il seul coupable?
D'un criminel amour le perfide enivré
A-t-il eu quelque égard pour un nœud si sacré?
Mon cœur, qui sans pitié lui déclare la guerre,
Ne cherche à le punir qu'au défaut du tonnerre.

EURYSTHENE.

Depuis vingt ans entiers ce courroux affoibli
Sembloit pourtant laisser Thyeste dans l'oubli.

ATRÉE.

Dis plutôt qu'à punir mon ame ingénieuse
Méditoit dès ce temps une vengeance affreuse:
Je n'épargnois l'ingrat que pour mieux l'accabler:
C'est un projet enfin à te faire trembler.
Instruit des noirs transports où mon ame est livrée,
Lis mieux dans le secret et dans le cœur d'Atrée.
Je ne veux découvrir l'un et l'autre qu'à toi;
Et je te les cachois sans soupçonner ta foi.
Écoute. Il te souvient de ce triste hyménée
Qui d'Aerope à mon sort unit la destinée:
Cet hymen me mettoit au comble de mes vœux;
Mais à peine aux autels j'en eus formé les nœuds,

Qu'à ces mêmes autels, et par la main d'un frere,
Je me vis enlever un épouse si chere.
Tes yeux furent témoins des transports de mon cœur :
A peine mon amour égaloit ma fureur ;
Jamais amant trahi ne l'a plus signalée.
Mycenes, tu le sais, sans pitié désolée,
Par le fer et le feu vit déchirer son sein ;
Mon amour outragé me rendit inhumain.
Enfin par ma valeur Aerope recouvrée
Après un an revint entre les mains d'Atrée.
Quoique déja l'hymen, ou plutôt le dépit,
Eussent depuis ce temps mis une autre en mon lit,
Malgré tous les appas d'une épouse nouvelle,
Aerope à mes regards n'en parut que plus belle.
Mais en vain mon amour brûloit de nouveaux feux,
Elle avoit à Thyeste engagé tous ses vœux ;
Et liée à l'ingrat d'une secrete chaîne,
Aerope, le dirai-je, en eut pour fruit Plisthene.

EURYSTHENE.

Dieux ! qu'est-ce que j'entends ? quoi ! Plisthene, seigneur,
Reconnu dans Argos pour votre successeur,
Pour votre fils enfin ?

ATRÉE.

C'est lui-même, Eurysthene ;
C'est ce même guerrier, c'est ce même Plisthene,
Que ma cour aujourd'hui croit encor sous ce nom

Frere de Ménélas, frere d'Agamemnon.
Tu sais, pour me venger de sa perfide mere,
A quel excès fatal me porta ma colere.
Heureux si le poison qui servit ma fureur
De mon indigne amour eût étouffé l'ardeur!
Celui de l'infidele éclatoit pour Thyeste
Au milieu des horreurs du sort le plus funeste.
Je ne puis, sans frémir, y penser aujourd'hui;
Aerope, en expirant, brûloit encor pour lui.
Voilà ce qu'en un mot surprit ma vigilance
A ceux qui de l'ingrate avoient la confidence.

(il lui montre en ce moment une lettre d'Aerope.)

LETTRE D'AEROPE.

« D'Atrée en ce moment j'éprouve le courroux,
« Cher Thyeste, et je meurs sans regretter la vie:
« Puisque je ne l'aimois que pour vivre avec vous,
« Je ne murmure point qu'elle me soit ravie.
« Plisthene fut le fruit de nos tristes amours;
« S'il passe jusqu'à vous, prenez soin de ses jours;
« Qu'il fasse quelquefois ressouvenir son pere
« Du malheureux amour qu'avoit pour lui sa mere ».

Juge de quel succès ses soins furent suivis;
Je retins à la fois son billet et son fils.
Je voulus étouffer ce monstre en sa naissance:
Mais mon cœur plus prudent l'adopta par vengeance;
Et, méditant dès-lors le plus affreux projet,

ACTE I, SCENE III.

Je le fis au palais apporter en secret.
Un fils venoit de naître à la nouvelle reine;
Pour remplir mes projets, je le nommai Plisthene,
Et mis le fils d'Aerope au berceau de ce fils,
Dont depuis m'ont privé les destins ennemis.
C'est sous un nom si cher qu'Argos l'a vu paroître :
Je fis périr tous ceux qui pouvoient le connoître;
Et, laissant ce secret entre les dieux et moi,
Je ne l'ai jusqu'ici confié qu'à ta foi.
Après ce que tu sais, sans que je te l'apprenne,
Tu vois à quel dessein j'ai conservé Plisthene,
Et, puisque la pitié n'a point sauvé ses jours,
A quel usage enfin j'en destine le cours.

EURYSTHENE.

Quoi! seigneur, sans frémir du transport qui vous guide,
Vous pourriez réserver Plisthene au parricide !

ATRÉE.

Oui, je veux que ce fruit d'un amour odieux
Signale quelque jour ma fureur en ces lieux;
Sous le nom de mon fils, utile à ma colere,
Qu'il porte le poignard dans le sein de son pere;
Que Thyeste, en mourant, de son malheur instruit,
De ses lâches amours reconnoisse le fruit.
Oui, je veux que, baigné dans le sang de ce traître,
Plisthene verse un jour le sang qui l'a fait naître;
Et que le sien après, par mes mains répandu,

Dans sa source à l'instant se trouve confondu.
Contre Thyeste enfin tout paroît légitime;
Je n'arme contre lui que le fruit de son crime:
Son forfait mit au jour ce prince malheureux;
Il faut par un forfait les dans priver tous deux.
Thyeste est sans soupçons; et son ame abusée
Ne me croit occupé que de l'isle d'Eubée:
Je ne suis en effet descendu dans ces lieux
Que pour mieux dérober mon secret à ses yeux.
Athenes, disposée à servir ma vengeance,
Avec moi dès long-temps agit d'intelligence;
Et son roi, craignant tout de ma juste fureur,
De son nom seulement cherche à couvrir l'honneur.
Du jour que mes vaisseaux menaceront Athenes,
De ce jour tu verras Thyeste dans mes chaînes.
Ma flotte me répond de ce qu'on m'a promis,
Je répondrai bientôt et du pere et du fils.

EURYSTHENE.

Eh bien! sur votre frere épuisez votre haine;
Mais du moins épargnez les vertus de Plisthene.

ATRÉE.

Plisthene, né d'un sang au crime accoutumé,
Ne démentira point le sang qui l'a formé;
Et, comme il a déja tous les traits de sa mere,
Il auroit quelque jour les vices de son pere.
Quel peut être le fruit d'un couple incestueux?

Moi-même j'avois cru Thyeste vertueux;
Il m'a trompé; son fils me tromperoit de même.
D'ailleurs il lui faudroit laisser mon diadême;
Le titre de mon fils l'assure de ce rang:
En faudra-t-il pour lui priver mon propre sang;
Que dis-je? pour venger l'affront le plus funeste,
En dépouiller mes fils pour le fils de Thyeste?
C'est ma seule fureur qui prolonge ses jours;
Il est temps désormais qu'elle en tranche le cours.
Je veux, par les forfaits où ma haine me livre,
Me payer des moments que je l'ai laissé vivre.
Que l'on approuve ou non un dessein si fatal,
Il m'est doux de verser tout le sang d'un rival.

SCENE IV.

ATRÉE, PLISTHENE, EURYSTHENE,
THESSANDRE, GARDES.

ATRÉE, *bas, à Eurysthene.*

Mais Plisthene paroît. Songe que ma vengeance
Renferme des secrets consacrés au silence.

(*à Plisthene.*)

Prince, cet heureux jour, mais si lent à mon gré,
Presse enfin un départ trop long-temps différé.
Tout semble en ce moment proscrire un infidele;

La mer mugit au loin, et le vent vous appelle :
Le soldat, dont ce bruit a réveillé l'ardeur,
Au seul nom de son chef se croit déja vainqueur.
Il n'en attend pas moins de sa valeur suprême
Que ce qu'en vit Élis, Rhodes, cette isle même :
Et moi, que ce héros ne sert point à demi,
J'en attends encor plus que n'en craint l'ennemi.
Je connois de ce chef la valeur et le zele ;
Je sais que je n'ai point de sujet plus fidele.
Aujourd'hui cependant souffrez, sans murmurer,
Que votre pere encor cherche à s'en assurer.
L'affront est grand, l'ardeur de s'en venger extrême ;
Jurez-moi donc, mon fils, par les dieux, par moi-même,
Si le destin pour nous se déclare jamais,
Que vous me vengerez au gré de mes souhaits.
Oui, je puis m'en flatter, je connois trop Plisthene ;
Plus ardent que moi-même, il servira ma haine :
A peine mon courroux égale son grand cœur :
Il vengera son pere.

PLISTHENE.

En doutez-vous, seigneur ?
Eh ! depuis quand ma foi vous est-elle suspecte ?
Avez-vous des desseins que mon cœur ne respecte ?
Ah ! si vous en doutiez, de mon sang le plus pur...

ATRÉE.

Mon fils, sans en douter, je veux en être sûr.

ACTE I, SCENE IV.

Jurez-moi qu'à mes lois votre main asservie
Vengera mes affronts au gré de mon envie.

PLISTHENE.

Seigneur, je n'ai point cru que, pour servir mon roi,
Il fallût exciter ni ma main, ni ma foi.
Faut-il par des serments que mon cœur vous rassure?
Le soupçonner, seigneur, c'est lui faire une injure.
Vous me verrez toujours contre vos ennemis
Remplir tous les devoirs de sujet et de fils.
Oui, j'atteste des dieux la majesté sacrée
Que je serai soumis aux volontés d'Atrée;
Que par moi seul enfin son courroux assouvi
Fera voir à quel point je lui suis asservi.

ATRÉE.

Ainsi, prêt à punir l'ennemi qui m'offense,
Je puis tout espérer de votre obéissance;
Et le lâche, à mes yeux par vos mains égorgé,
Ne triomphera plus de m'avoir outragé.
Allez; que votre bras, à l'Attique funeste,
S'apprête à m'immoler le perfide Thyeste.

PLISTHENE.

Moi! seigneur?

ATRÉE.

Oui, mon fils. D'où naît ce changement?
Quel repentir succede à votre empressement?
Quelle étoit donc l'ardeur que vous faisiez paroître?

Tremblez-vous, lorsqu'il faut me délivrer d'un traître?
PLISTHENE.
Non ; mais daignez m'armer pour un emploi plus beau :
Je serai son vainqueur, et non pas son bourreau.
Songez-vous bien quel nœud vous unit l'un et l'autre?
En répandant son sang, je répandrois le vôtre.
Ah! seigneur, est-ce ainsi que l'on surprend ma foi?
ATRÉE.
Les dieux m'en sont garants ; c'en est assez pour moi.
PLISTHENE.
Juste ciel!
ATRÉE.
J'entrevois dans votre ame interdite
De secrets sentiments dont la mienne s'irrite.
Étouffez des regrets désormais superflus :
Partez, obéissez, et ne répliquez plus.
Des bords athéniens j'attends quelque nouvelle.
Vous, cependant, volez où l'honneur vous appelle.
Que ma flotte avec vous se dispose à partir ;
Et quand tout sera prêt, venez m'en avertir :
Je veux de ce départ être témoin moi-même.

SCENE V.

PLISTHENE, THESSANDRE.

PLISTHENE.
Qu'ai-je fait, malheureux? quelle imprudence extrême!
Je ne sais quel effroi s'empare de mon cœur;
Mais tout mon sang se glace, et je frémis d'horreur.
Dieux, que dans mes serments malgré moi j'intéresse,
Perdez le souvenir d'une indigne promesse;
Ou recevez ici le serment que je fais,
En dussé-je périr, de n'obéir jamais.
Mais pourquoi m'alarmer d'un serment si funeste?
Que peut craindre un grand cœur, quand sa vertu lui reste?
Athenes me répond d'un trépas glorieux,
Et j'y cours m'affranchir d'un serment odieux.
Survivre aux maux cruels dont le destin m'accable,
Ce seroit, plus que lui, m'en rendre un jour coupable.
Haï, persécuté, chargé d'un crime affreux,
Dévoré sans espoir d'un amour malheureux,
Malgré tant de mépris, que je chéris encore,
La mort est désormais le seul dieu que j'implore;
Trop heureux de pouvoir arracher en un jour
Ma gloire à mes serments, mon cœur à son amour!

ATREE ET THYESTE.

THESSANDRE.

Que dites-vous, seigneur? quoi! pour une inconnue...

PLISTHENE.

Peux-tu me condamner, Thessandre? tu l'as vue :
Non, jamais plus de grace et plus de majesté
N'ont distingué les traits de la divinité.
Sa beauté, tout enfin, jusqu'à son malheur même,
N'offre en elle qu'un front digne du diadème :
De superbes débris, une noble fierté,
Tout en elle du sang marque la dignité.
Je te dirai bien plus : cette même inconnue
Voit mon ame à regret dans ses fers retenue;
Et qui peut dédaigner mon amour et mon rang
Ne peut être formé que d'un illustre sang.
Quoi qu'il en soit, mon cœur, charmé de ce qu'il aime,
N'examine plus rien dans son amour extrême.
Quel cœur n'eût-elle pas attendri, justes dieux!
Dans l'état où le sort vint l'offrir à mes yeux,
Déplorable jouet des vents et de l'orage,
Qui, même en l'y poussant, l'envioient au rivage ;
Roulant parmi les flots, les morts, et les débris,
Des horreurs du trépas les traits déja flétris,
Mourante entre les bras de son malheureux pere,
Tout prêt lui-même à suivre une fille si chere !...
J'entends du bruit. On vient: peut-être c'est le roi...

SCENE VI.

THÉODAMIE, LÉONIDE, PLISTHENE,
THESSANDRE.

PLISTHENE, *à Thessandre.*
Mais non; c'est l'étrangere. Ah! qu'est-ce que je voi,
Thessandre? un soin pressant semble occuper son ame.
(*à Théodamie.*)
Où portez-vous vos pas? me cherchez-vous, madame?
Du trouble où je vous vois ne puis-je être éclairci?

THÉODAMIE.
C'est vous-même, seigneur, que je cherchois ici.
D'Athenes dès long-temps embrassant la conquête,
On dit qu'à s'éloigner votre flotte s'apprête;
Que, chaque instant d'Atrée excitant le courroux,
Pour sortir de Chalcys, elle n'attend que vous.
Si ce n'est pas vous faire une injuste priere,
Je viens vous demander un vaisseau pour mon pere.
Le sien, vous le savez, périt presque à vos yeux,
Et nous n'avons d'appui que de vous en ces lieux.
Vous sauvâtes des flots et le pere et la fille,
Achevez de sauver une triste famille.

PLISTHENE.
Voyez ce que je puis, voyez ce que je dois.

D'Atrée en ce climat tout respecte les lois :
Il n'est que trop jaloux de son pouvoir suprême ;
Je ne puis rien ici, si ce n'est par lui-même.
Il reverra bientôt ses vaisseaux avec soin,
Et du départ lui-même il doit être témoin :
Voyez-le. Il vous souvient comme il vous a reçue,
Le jour que ce palais vous offrit à sa vue ;
Il plaignit vos malheurs, vous offrit son appui :
Son cœur ne sera pas moins sensible aujourd'hui ;
Vous n'en éprouverez qu'une bonté facile.
Mais qui peut vous forcer à quitter cet asile ?
Quel déplaisir secret vous chasse de ces lieux ?
Mon amour vous rend-il ce séjour odieux ?
Ces bords sont-ils pour vous une terre étrangere ?
N'y reverra-t-on plus ni vous, ni votre pere ?
Quel est son nom, le vôtre ? où portez-vous vos pas ?
Ne connoîtrai-je enfin de vous que vos appas ?

THÉODAMIE.

Seigneur, trop de bonté pour nous vous intéresse.
Mon nom est peu connu, ma patrie est la Grece ;
Et j'ignore en quel lieu, sortant de ces climats,
Mon pere infortuné doit adresser ses pas.

PLISTHENE.

Je ne vous presse point d'éclaircir ce mystere ;
Je souscris au secret que vous voulez m'en faire.
Abandonnez ces lieux, ôtez-moi pour jamais

ACTE I, SCENE VI.

Le dangereux espoir de revoir vos attraits.
Fuyez un malheureux; punissez-le, madame,
D'oser brûler pour vous de la plus vive flamme :
Et moi, prêt d'adorer jusqu'à votre rigueur,
J'attendrai que la mort vous chasse de mon cœur :
C'est, dans mon sort cruel, mon unique espérance.
Mon amour cependant n'a rien qui vous offense;
Le ciel m'en est témoin : et jamais vos beaux yeux
N'ont peut-être allumé de moins coupables feux.
Ce cœur, à qui le vôtre est toujours si sévère,
N'offrit jamais aux dieux d'hommage plus sincere.
Inutiles respects! reproches superflus!
Tout va nous séparer; je ne vous verrai plus.
Adieu, madame, adieu : prompt à vous satisfaire,
Je reviendrai pour vous m'employer près d'un pere :
Quel qu'en soit le succès, je vous réponds du moins,
Malgré votre rigueur, de mes plus tendres soins.

SCENE VII.

THÉODAMIE, LÉONIDE.

THÉODAMIE.

Où sommes-nous, hélas! ma chere Léonide?
Quel astre injurieux en ces climats nous guide?
O vous, qui nous jetez sur ces bords odieux,

Cachez-nous au tyran qui regne dans ces lieux,
Dieux puissants! sauvez-nous d'une main ennemie!
Quel séjour pour Thyeste et pour Théodamie!
Du sort qui nous poursuit vois quelle est la rigueur.
Atrée, après vingt ans, rallumant sa fureur,
Sous d'autres intérêts déguisant ce mystere,
Arme pour désoler l'asile de son frere.
L'infortuné Thyeste, instruit de ce danger,
A son tour, en secret, arme pour se venger,
Flatté du vain espoir de rentrer dans Mycenes,
Tandis que l'ennemi vogueroit vers Athenes,
Ou pendant que Chalcys, par de puissants efforts,
Retiendroit le tyran sur ces funestes bords.
Inutiles projets! inutile espérance!
L'Euripe a tout détruit; plus d'espoir de vengeance:
Et c'est ce même amant, ce prince généreux,
Sans qui nous périssions sur ce rivage affreux,
Ce prince, à qui je dois le salut de mon pere,
Qui, la foudre à la main, va combler sa misere.
Athenes va tomber, si, pour comble de maux,
Thyeste dans ces murs n'accable ce héros.
Trop heureux cependant, si de l'isle d'Eubée
Il pouvoit s'éloigner sans le secours d'Atrée!
Sauvez-l'en, s'il se peut, grands dieux! votre courroux
Poursuit-il des mortels si semblables à vous?
Ciel, puisqu'il faut punir, venge-toi sur son frere:

ACTE I, SCENE VII.

Atrée est un objet digne de ta colere.
Je tremble à chaque pas que je fais en ces lieux:
Hélas! Thyeste en vain s'y cache à tous les yeux;
Quoique absent dès long-temps, on peut le reconnoître:
Heureux que sa langueur l'empêche d'y paroître!

LÉONIDE.

Espérez du destin un traitement plus doux;
Que craindre d'un tyran, quand son fils est pour vous?
Attendez tout d'un cœur et généreux et tendre:
La main qui nous sauva peut encor vous défendre.
Tout n'est pas contre vous dans ce fatal séjour,
Puisque deja vos yeux y donnent de l'amour.

THÉODAMIE.

Ne comptes-tu pour rien un amour si funeste?
Le fils d'Atrée aimer la fille de Thyeste!
Hélas! si cet amour est un crime pour lui,
Comment nommer le feu dont je brûle aujourd'hui?
Car enfin ne crois pas que j'y sois moins livrée;
La fille de Thyeste aime le fils d'Atrée.
Contre tant de vertus mon cœur mal affermi
Craint plus en lui l'amant qu'il ne craint l'ennemi.
Mais mon pere m'attend; allons lui faire entendre,
Pour un départ si prompt, le parti qu'il faut prendre:
Heureuse cependant si ce funeste jour
Ne voit d'autres malheurs que ceux de notre amour!

FIN DU PREMIER ACTE.

ACTE SECOND.

SCENE PREMIERE.

THYESTE, THÉODAMIE, LÉONIDE.

THYESTE.

Ce n'est plus pour tenter une grace incertaine ;
Mais, avant son départ, je voudrois voir Plisthene :
Léonide, sachez s'il n'est point de retour.

SCENE II.

THYESTE, THÉODAMIE.

THYESTE.

Ma fille, il faut songer à fuir de ce séjour ;
Tout menace à la fois l'asile de Thyeste :
Défendons, s'il se peut, le seul bien qui nous reste.
D'un pere infortuné que prétendent vos pleurs ?
Voulez-vous, dans ces lieux, voir combler mes malheurs ?

Pourquoi, sur mes desirs cherchant à me contraindre,
Ne point voir le tyran? qu'en avez-vous à craindre?
Sans lui, sans son secours, quel sera mon espoir?
Vous voyez que Plisthene est ici sans pouvoir,
Qu'il va bientôt voguer vers le port de Pyrée;
Voulez-vous qu'à m'a fuite il en ferme l'entrée?
La voile se déploie, et flotte au gré des vents;
Laissez-moi profiter de ces heureux instants.
Voyez, puisqu'il le faut, l'inexorable Atrée.
Si sa flotte une fois abandonne l'Eubée,
Par quel autre moyen me sera-t-il permis
De sortir désormais de ces lieux ennemis?

THÉODAMIE.

Ne précipitez rien : quel intérêt vous presse?
Pourquoi, seigneur, pourquoi vous exposer sans cesse?
A peine enfin sauvé de la fureur des eaux,
Ne vous rejetez point dans des périls nouveaux.
A partir de Chalcys le tyran se prépare;
Les vents vont de cette isle éloigner ce barbare:
D'un secours dangereux sans tenter le hasard,
Cachez-vous avec soin jusques à son départ.

THYESTE.

Ma fille, quel conseil! eh quoi! vous pouvez croire
Que je veuille à mes jours sacrifier ma gloire!
Non, non, je ne puis voir désoler sans secours
Des états, si long-temps l'asile de mes jours.

Moi, qui ne prétendois m'emparer de Mycenes
Que pour forcer Atrée à s'éloigner d'Athenes,
Je l'abandonnerois lorsqu'elle va périr!
Non, je cours dans ses murs la défendre, ou mourir.
Vous m'opposez en vain l'impitoyable Atrée:
Peut-il me soupçonner d'être en cette contrée?
Sans appui, sans secours, sans suite dans ces lieux,
Sans éclat qui sur moi puisse attirer les yeux,
Dans l'état où m'a mis la colere céleste,
Hélas! et qui pourroit reconnoître Thyeste?
Voyez donc le tyran: quel que soit son courroux,
C'est assez que mon cœur n'en craigne rien pour vous,
Ma fille; vous savez que sa main meurtriere
Ne poursuit point sur vous le crime d'une mere:
C'est moi seul, c'est Aerope enlevée à ses vœux;
Et vous ne sortez point de ce sang malheureux.
Allez: votre frayeur, qui dans ces lieux m'arrête,
Est le plus grand péril qui menace ma tête.
Demandez un vaisseau; quel qu'en soit le danger,
Mon cœur au désespoir n'a rien à ménager.

THÉODAMIE.

Ah! périsse plutôt l'asile qui nous reste,
Que de tenter, seigneur, un secours si funeste!

THYESTE.

En dussé-je périr, songez que je le veux.
Sauvez-moi, par pitié, de ces bords dangereux!

Du soleil à regret j'y revois la lumiere ;
Malgré moi le sommeil y ferme ma paupiere.
De mes ennuis secrets rien n'arrête le cours :
Tout à de tristes nuits joint de plus tristes jours.
Une voix, dont en vain je cherche à me défendre,
Jusqu'au fond de mon cœur semble se faire entendre :
J'en suis épouvanté. Les songes de la nuit
Ne se dissipent point par le jour qui les suit :
Malgré ma fermeté, d'infortunés présages
Asservissent mon ame à ces vaines images.
Cette nuit même encor j'ai senti dans mon cœur
Tout ce que peut un songe inspirer de terreur.
Près de ces noirs détours, que la rive infernale
Forme à replis divers dans cette isle fatale,
J'ai cru long-temps errer parmi des cris affreux,
Que des mânes plaintifs poussoient jusques aux cieux.
Parmi ces tristes voix, sur ce rivage sombre,
J'ai cru d'Aerope en pleurs entendre gémir l'ombre ;
Bien plus, j'ai cru la voir s'avancer jusqu'à moi,
Mais dans un appareil qui me glaçoit d'effroi :
« Quoi ! tu peux t'arrêter dans ce séjour funeste !
« Suis-moi, m'a-t-elle dit, infortuné Thyeste ».
Le spectre, à la lueur d'un triste et noir flambeau,
A ces mots m'a traîné jusque sur son tombeau.
J'ai frémi d'y trouver le redoutable Atrée,
Le geste menaçant, et la vue égarée,

Plus terrible pour moi, dans ces cruels moments,
Que le tombeau, le spectre, et ses gémissements.
J'ai cru voir le barbare entouré de furies :
Un glaive encor fumant armoit ses mains impies ;
Et, sans être attendri de ses cris douloureux,
Il sembloit dans son sang plonger un malheureux.
Aerope, à cet aspect, plaintive et désolée,
De ses lambeaux sanglants à mes yeux s'est voilée.
Alors j'ai fait, pour fuir, des efforts impuissants ;
L'horreur a suspendu l'usage de mes sens.
A mille affreux objets l'ame entiere livrée,
Ma frayeur m'a jeté sans force aux pieds d'Atrée.
Le cruel d'une main sembloit m'ouvrir le flanc,
Et de l'autre à longs traits m'abreuver de mon sang.
Le flambeau s'est éteint ; l'ombre a percé la terre :
Et le songe a fini par un coup de tonnerre.

THÉODAMIE.

D'un songe si cruel quelle que soit l'horreur,
Ce fantôme peut-il troubler votre grand cœur ?
C'est une illusion...

THYESTE.

     J'en croirois moins un songe,
Sans les ennuis secrets où ma douleur me plonge.
J'en crains plus du tyran qui regne dans ces lieux,
Que d'un songe si triste, et peut-être des dieux :
Je ne connois que trop la fureur qui l'entraîne.

ACTE II, SCENE II.

THÉODAMIE.

Vous connoissez aussi les vertus de Plisthene...

THYESTE.

Quoiqu'il soit né d'un sang que je ne puis aimer,
Sa générosité me force à l'estimer.
Ma fille, à ses vertus je sais rendre justice;
Des fureurs du tyran son fils n'est point complice.
Je sens bien quelquefois que je dois le haïr;
Mais mon cœur sur ce point a peine à m'obéir.
Hélas! et plus je vois ce généreux Plisthene,
Plus j'y trouve des traits qui désarment ma haine.
Mon cœur, qui cependant craint de lui trop devoir,
Ni ne veut, ni ne doit compter sur son pouvoir.
Quoique sur sa vertu vous soyez rassurée,
Je suis toujours Thyeste, et lui le fils d'Atrée.
Je crois voir le tyran; je vous laisse avec lui:
Ma fille, devenez vous-même notre appui;
Tentez tout sur le cœur de mon barbare frere;
Songez qu'il faut sauver et vous et votre pere.

SCENE III.

ATRÉE, THÉODAMIE, EURYSTHENE,
ALCIMÉDON, LÉONIDE, GARDES.

ALCIMÉDON.

Vous tenteriez, seigneur, un inutile effort;
Je le sais d'un vaisseau qui vient d'entrer au port.
On ne sait s'il a pris la route de Mycenes:
Mais, depuis près d'un mois, il n'est plus dans Athenes.
Vous en pourrez vous-même être mieux éclairci;
Le chef de ce vaisseau sera bientôt ici.

ATRÉE.

Qu'il vienne: Alcimédon, allez; qu'on me l'amene;
Je l'attends: avec lui faites venir Plisthene;
Il doit être déja de retour en ces lieux.

SCENE IV.

ATRÉE, THÉODAMIE, LÉONIDE,
EURYSTHENE, GARDES.

ATRÉE, à *Théodamie*.

Madame, quel dessein vous présente à mes yeux?

THÉODAMIE.

Prête à tenter, seigneur, la route du Bosphore,
Souffrez qu'une étrangere aujourd'hui vous implore.
J'éprouve dès long-temps qu'un roi si généreux
Ne voit point sans pitié le sort des malheureux.
Sur ces bords, échappée au plus cruel naufrage,
Les flots de mes débris ont couvert ce rivage.
Sans appui, sans secours, dans ces lieux écartés,
J'attends tout désormais de vos seules bontés.
Vous parûtes sensible au destin qui m'accable :
Puis-je espérer, seigneur, qu'un roi si redoutable
Daigne, de mes malheurs plus touché que les dieux,
M'accorder un vaisseau pour sortir de ces lieux?

ATRÉE.

Puisque la mer vous laisse une libre retraite,
Ordonnez, et bientôt vous serez satisfaite;
Disposez de ma flotte avec autorité.
Un vaisseau suffit-il pour votre sûreté?
Prête à sortir des lieux qui sont sous ma puissance,
Où vous conduira-t-il?

THÉODAMIE.

    Seigneur, c'est à Byzance
Que je prétends bientôt, au pied de nos autels,
Du prix de vos bienfaits charger les immortels.

ATRÉE.

Mais Byzance, madame, est-ce votre patrie?

THÉODAMIE.
Non; j'ai reçu le jour non loin de la Phrygie.
ATRÉE.
Par quel étrange sort, si loin de ces climats,
Vous retrouvez-vous donc dans mes nouveaux états?
Ce vaisseau, que les vents jeterent dans l'Eubée,
Sortoit-il de Byzance ou du port de Pyrée?
En vous sauvant des flots, mon fils (je m'en souviens)
Ne trouva sur ces bords que des Athéniens.
THÉODAMIE.
Peut-être, comme nous le jouet de l'orage,
Ils furent, comme nous, poussés sur ce rivage :
Mais ceux qu'en ce palais a sauvés votre fils
Ne sont point nés, seigneur, parmi vos ennemis.
ATRÉE.
Mais, madame, parmi cette troupe étrangere,
Plisthene sur ces bords rencontra votre pere :
Dédaigne-t-il un roi qui devient son appui?
D'où vient que devant moi vous paroissez sans lui?
THÉODAMIE.
Mon pere infortuné, sans amis, sans patrie,
Traîne à regret, seigneur, une importune vie,
Et n'est point en état de paroître à vos yeux.
ATRÉE.
Gardes, faites venir l'étranger en ces lieux.
(quelques gardes sortent.)

ACTE II, SCENE IV.

THÉODAMIE.

On doit des malheureux respecter la misere.

ATRÉE.

Je veux de ses malheurs consoler votre pere;
Je ne veux rien de plus. Mais quel est votre effroi?
Votre pere, madame, est-il connu de moi?
A-t-il quelque raison de redouter ma vue?
Quelle est donc la frayeur dont je vous vois émue?

THÉODAMIE.

Seigneur, d'aucun effroi mon cœur n'est agité:
Mon pere peut ici paroître en sûreté.
Hélas! à se cacher qui pourroit le contraindre?
Etranger dans ces lieux, eh! qu'auroit-il à craindre?
A ses jours languissants le péril attaché
Le retenoit, seigneur, sans le tenir caché.

SCENE V.

ATRÉE, THYESTE, THÉODAMIE,
LÉONIDE, EURYSTHENE, GARDES.

THÉODAMIE, *à part.*

Le voilà: je succombe, et me soutiens à peine.
Dieux! cachez-le au tyran, ou ramenez Plisthene.

ATRÉE, *à Thyeste.*

Étranger malheureux, que le sort en courroux,

Lassé de te poursuivre, a jeté parmi nous,
Quel est ton nom, ton rang, quels humains t'ont vu naître?

THYESTE.

Les Thraces.

ATRÉE.

Et ton nom?

THYESTE.

Pourriez-vous le connoître?

Philoclete.

ATRÉE.

Ton rang?

THYESTE.

Noble, sans dignité,
Et toujours le jouet du destin irrité.

ATRÉE.

Où s'adressoient tes pas? et de quelle contrée
Revenoit ce vaisseau brisé près de l'Eubée?

THYESTE.

De Sestos; et j'allois à Delphes implorer
Le dieu dont les rayons daignent nous éclairer.

ATRÉE.

Et tu vas de ces lieux...?

THYESTE.

Seigneur, c'est dans l'Asie
Que je vais terminer ma déplorable vie,
Espérant aujourd'hui que de votre bonté

ACTE II, SCENE V.

J'obtiendrai le secours que les flots m'ont ôté.
Daignez...

ATRÉE.

Quel son de voix a frappé mon oreille !
Quel transport tout-à-coup dans mon cœur se réveille !
D'où naissent à la fois des troubles si puissants ?
Quelle soudaine horreur s'empare de mes sens !
Toi, qui poursuis le crime avec un soin extrême,
Ciel, rends vrais mes soupçons, et que ce soit lui-même !
Je ne me trompe point, j'ai reconnu sa voix ;
Voilà ses traits encore : ah ! c'est lui que je vois :
Tout ce déguisement n'est qu'une adresse vaine ;
Je le reconnoîtrois seulement à ma haine :
Il fait pour se cacher des efforts superflus ;
C'est Thyeste lui-même, et je n'en doute plus.

THYESTE.

Moi Thyeste, seigneur ?

ATRÉE.

Oui, toi-même, perfide !
Je ne le sens que trop au transport qui me guide ;
Et je hais trop l'objet qui paroît à mes yeux
Pour que tu ne sois point ce Thyeste odieux.
Tu fais bien de nier un nom si méprisable :
En est-il sous le ciel un qui soit plus coupable ?

THYESTE.

Eh bien ! reconnois-moi ; je suis ce que tu veux,

Ce Thyeste ennemi, ce frere malheureux..
Quand même tes soupçons et ta haine funeste
N'eussent point découvert l'infortuné Thyeste,
Peut-être que la mienne, esclave malgré moi,
Aux dépens de mes jours m'eût découvert à toi.

ATRÉE.

Ah, traître ! c'en est trop ; le courroux qui m'anime
T'apprendra si je sais comme on punit un crime.
Je rends graces au ciel qui te livre en mes mains :
Sans doute que les dieux approuvent mes desseins,
Puisqu'avec mes fureurs leurs soins d'intelligence
T'amenent dans des lieux tout pleins de ma vengeance.
Perfide, tu mourras : oui, c'est fait de ton sort ;
Ton nom seul en ces lieux est l'arrêt de ta mort.
Rien ne peut t'en sauver ; la foudre est toute prête ;
J'ai suspendu long-temps sa chûte sur ta tête.
Le temps, qui t'a sauvé d'un vainqueur irrité,
A grossi tes forfaits par leur impunité.

THYESTE.

Que tardes-tu, cruel, à remplir ta vengeance ?
Attends-tu de Thyeste une nouvelle offense ?
Si j'ai pu quelque temps te déguiser mon nom,
Le soin de me venger en fut seul la raison.
Ne crois pas que la peur des fers ou du supplice
Ait à mon cœur tremblant dicté cet artifice :
Aerope par ta main a vu trancher ses jours ;

ACTE II, SCENE V.

La même main des miens doit terminer le cours ;
Je n'en puis regretter la triste destinée.
Précipite, inhumain, leur course infortunée,
Et sois sûr que contre eux l'attentat le plus noir
N'égale point pour moi l'horreur de te revoir.

ATRÉE.

Vil rebut des mortels, il te sied bien encore
De braver dans les fers un frere qui t'abhorre !
Holà ! gardes, à moi !

THÉODAMIE, *à Atrée.*

Que faites-vous, seigneur ?
Dieux ! sur qui va tomber votre injuste rigueur !
Ne suivrez-vous jamais qu'une aveugle colere ?
Ah ! dans un malheureux reconnoissez un frere ;
Que sur ses noirs projets votre cœur combattu
Écoute la nature, ou plutôt la vertu.
Immolez donc, seigneur, et le pere et la fille ;
Baignez-vous dans le sang d'une triste famille.
Thyeste, par vous seul accablé de malheurs,
Peut-il être un objet digne de vos fureurs ?

ATRÉE.

Vous prétendez en vain que mon cœur s'attendrisse.
Qu'on lui donne la mort, gardes ; qu'on m'obéisse ;
De son sang odieux qu'on épuise son flanc...

(*bas, à part.*)

Mais non ; une autre main doit verser tout son sang.

(*aux gardes.*)
Oubliois-je... Arrêtez. Qu'on me cherche Plisthene.

SCENE VI.

ATRÉE, THYESTE, PLISTHENE, THÉO-
DAMIE, EURYSTHENE, THESSANDRE,
LÉONIDE, GARDES.

PLISTHENE, *à Atrée.*

Ciel! qu'est-ce que j'entends? quelle fureur soudaine
De votre voix, seigneur, a rempli tous ces lieux?
Qui peut causer ici ces transports furieux?

THÉODAMIE, *à Plisthene.*

Ces tranports où l'emporte une injuste colere
Ne menacent, seigneur, que mon malheureux pere:
Sauvez-le, s'il se peut, des plus funestes coups.

PLISTHENE.

Votre pere, madame! ô ciel! que dites-vous?
(*à Atrée.*)
A l'immoler, seigneur, quel motif vous engage?
De quoi l'accuse-t-on? quel crime, quel outrage
De l'hospitalité vous fait trahir les droits?
Auroit-il à son tour violé ceux des rois?
Étranger dans ces lieux, que vous a-t-il fait craindre
A le priver du jour qui puisse vous contraindre?

ACTE II, SCENE VI.

ATRÉE.

Étranger dans ces lieux! que tu le connois mal!
De tous mes ennemis tu vois le plus fatal;
C'est de tous les humains le seul que je déteste,
Un perfide, un ingrat; en un mot, c'est Thyeste.

PLISTHENE.

Qu'ai-je entendu, grands dieux! lui Thyeste, seigneur?
Eh bien! en doit-il moins fléchir votre rigueur?
Calmez, seigneur, calmez cette fureur extrême.

ATRÉE.

Que vois-je? quoi! mon fils armé contre moi-même!
Quoi! celui qui devroit m'en venger aujourd'hui
Ose à mes yeux encor s'intéresser pour lui!
Lâche, c'est donc ainsi qu'à ton devoir fidele
Tu disposes ton bras à servir ma querelle?

PLISTHENE.

Plutôt mourir cent fois: je n'ai point à choisir;
Dans mon sang, s'il le faut, baignez-vous à loisir.
Seigneur, par ces genoux que votre fils embrasse,
Accordez à mes vœux cette derniere grace:
Après l'avoir sauvé des ondes en courroux,
M'en coûtera-t-il plus de le sauver de vous?
A mes justes desirs que vos transports se rendent.
Voyez quel est le sang que mes pleurs vous demandent;
C'est le vôtre, seigneur, non un sang étranger:
C'est en lui pardonnant qu'il faut vous en venger.

ATRÉE.

Le perfide! si près d'éprouver ma vengeance,
Daigne-t-il seulement implorer ma clémence?

THYESTE.

Que pourroit me servir d'implorer ton secours,
Si ton cœur qui me hait veut me haïr toujours?
Eh! que n'ai-je point fait pour fléchir ta colere?
Qui de nous deux, cruel, poursuit ici son frere?
Depuis vingt ans entiers que n'ai-je point tenté
Pour calmer les transports de ton cœur irrité?
Surmonte, comme moi, la vengeance et la haine;
Regle tes soins jaloux sur les soins de Plisthene,
Et tu verras bientôt, si j'en donne ma foi,
Que tu n'as point d'ami plus fidele que moi.

ATRÉE.

Quels seront tes garants? Lorsque le nom de frere
N'a pu garder ton cœur d'un amour téméraire,
Quand je t'ai vu souiller par tes coupables feux
Les autels où l'hymen alloit combler mes vœux,
Que peux-tu m'opposer qui parle en ta défense?
Les droits de la nature ou bien de l'innocence?

THYESTE.

Ne me reproche plus mon crime ni mes feux;
Tu m'as vendu bien cher cet amour malheureux.
Pour t'attendrir enfin, auteur de ma misere,
Considere un moment ton déplorable frere;

ACTE II, SCENE VI.

Que peux-tu souhaiter qui te parle pour moi?
Regarde en quel état je parois devant toi.

PLISTHENE.

Ah! rendez-vous, seigneur: je vois que la nature
Dans votre cœur sensible excite un doux murmure;
Ne le combattez point par des soins odieux;
Elle n'inspire rien qui ne vienne des dieux.
C'est votre frere enfin; que rien ne vous arrête:
De sa fidélité je réponds sur ma tête.

ATRÉE.

Plisthene, c'en est fait; je me rends à ta voix;
Je me sens attendri pour la premiere fois;
Je veux bien oublier une sanglante injure.
Thyeste, sur ma foi que ton cœur se rassure:
De mon inimitié ne crains point les retours;
Ce jour même en verra finir le triste cours;
J'en jure par les dieux, j'en jure par Plisthene;
C'est le sceau d'une paix qui doit finir ma haine.
Ses soins et ma pitié te répondront de moi,
Et mon fils à son tour me répondra de toi;
Je n'en demande point de garant plus sincere.
Prince, c'est donc sur vous que s'en repose un pere.
Allez; et que ma cour, témoin de mon courroux,
Soit témoin aujourd'hui d'un entretien plus doux.

SCENE VII.

ATRÉE, EURYSTHENE, GARDES.

ATRÉE.

Toi, fais-les avec soin observer, Eurysthene;
Disperse les soldats les plus chers à Plisthene,
Écarte les amis de cet audacieux,
Et viens, sans t'arrêter, me rejoindre en ces lieux.

FIN DU SECOND ACTE.

ACTE TROISIEME.

SCENE PREMIERE.

ATRÉE, EURYSTHENE.

ATRÉE.

Enfin, graces aux dieux, je tiens en ma puissance
Le perfide ennemi que poursuit ma vengeance :
On l'observe en ces lieux, il ne peut échapper ;
La main qui l'a sauvé ne sert qu'à le tromper.
Vengeons-nous ; il est temps que ma colere éclate ;
Profitons avec soin du moment qui la flatte,
Et que l'ingrat Thyeste éprouve dans ce jour
Tout ce que peut un cœur trahi dans son amour.

EURYSTHENE.

Eh ! qui vous répondra que Plisthene obéisse,
Que de cette vengeance il veuille être complice ?
Ne vous souvient-il plus que, prêt à la trahir,
Il n'a point balancé pour vous désobéir ?

ATRÉE.
Il est vrai qu'au refus qu'il a fait de s'y rendre
Je me suis vu contraint de n'oser l'entreprendre,
D'en différer enfin le moment malgré moi.
Mais qui l'a pu porter à me manquer de foi!
N'avoit-il pas juré de servir ma colere?
Tant de soins redoublés pour la fille et le pere
Ne sont-ils les effets que d'un cœur généreux?
Non, non; la source en est dans un cœur amoureux;
Tant d'ardeur à sauver cette race ennemie
Me dit trop que Plisthene aime Théodamie :
Je n'en puis plus douter; il la voit chaque jour,
Il a pris dans ses yeux ce détestable amour;
Et je m'étonne encor d'une ardeur si funeste!
Que pouvoit-il sortir d'Aerope et de Thyeste,
Qu'un sang qui dût un jour assouvir mon courroux?
Le crime est fait pour lui, la vengeance pour nous.
Livrons-le aux noirs forfaits où son penchant le guide;
Joignons à tant d'horreurs l'horreur d'un parricide.
Puis-je mieux me venger de ce sang odieux
Que d'armer contre lui son forfait et les dieux?
Heureux qu'en ce moment le crime de Plisthene
Me laisse sans regret au courroux qui m'entraîne!
Qu'il vienne seul ici.

SCÈNE II.

ATRÉE.

Le soldat écarté
Permet à ma fureur d'agir en liberté :
De son amour pour lui ma vengeance alarmée
Déja loin de Chalcys a dispersé l'armée ;
Tout ce que ce palais rassemble autour de moi
Sont autant de sujets dévoués à leur roi.
Mais pourquoi contre un traître exercer ma puissance?
Son amour me répond de son obéissance.
Par un coup si cruel je m'en vais l'éprouver,
Et de si près encor je m'en vais l'observer,
Que, malgré tous ses soins, ma vengeance assurée
Lavera par ses mains les injures d'Atrée.

SCÈNE III.

ATRÉE, PLISTHENE.

ATRÉE, *bas.*
Je le vois ; et pour peu qu'il ose la trahir,
Je sais bien le secret de le faire obéir.

(*haut.*)
Lassé des soins divers dont mon cœur est la proie,
Prince, il faut à vos yeux que mon cœur se déploie.
Tout semble offrir ici l'image de la paix;
Cependant ma fureur s'accroît plus que jamais.
L'amour, qui si souvent loin de nous nous entraîne,
N'est point dans ses retours aussi prompt que la haine.
J'avois cru par vos soins mon courroux étouffé;
Mais je sens qu'ils n'en ont qu'à demi triomphé :
Ma fureur désormais ne peut plus se contraindre,
Ce n'est que dans le sang qu'elle pourra s'éteindre;
Et j'attends que le bras chargé de la servir,
Loin d'arrêter son cours, soit prêt à l'assouvir.
Plisthene, c'est à vous que ce discours s'adresse.
J'avois cru, sur la foi d'une sainte promesse,
Voir tomber le plus fier de tous mes ennemis;
Mais Plisthene tient mal ce qu'il m'avoit promis,
Et bravant sans respect et les dieux et son pere,
Son cœur pour eux et lui n'a qu'une foi légere.

PLISTHENE.

Où sont vos ennemis? j'avois cru que la paix
Ne vous en laissoit point à craindre en ce palais;
Je n'y vois que des cœurs pour vous remplis de zele,
Et qu'un fils pour son roi respectueux, fidele,
Qui n'a point mérité ces cruels traitements.

ACTE III, SCENE III.

Où sont vos ennemis? et quels sont mes serments?

ATRÉE.

Où sont mes ennemis? Ciel! que viens-je d'entendre?
Thyeste est dans ces lieux, et l'on peut s'y méprendre!
Vous deviez l'immoler à mon ressentiment:
Voilà mon ennemi, voilà votre serment.

PLISTHENE.

Quelle que soit la foi que je vous ai jurée,
J'aurois cru que la vôtre eût été plus sacrée:
Qu'un frere, dans vos bras, à la face des dieux,
M'eût assez acquitté d'un serment odieux.
D'un pareil souvenir ma vertu me dispense;
Je ne me souviens plus que de votre clémence.
Mon devoir a ses droits, mais ma gloire a les siens,
Et vos derniers serments m'ont dégagé des miens.

ATRÉE.

Sans vouloir dégager un serment par un autre,
Veux-tu que tous les deux nous remplissions le nôtre?
Et tu verras bientôt, si j'explique le mien,
Que ce dernier serment ajoute encore au tien.
J'ai juré par les dieux, j'ai juré par Plisthene,
Que ce jour qui nous luit mettroit fin à ma haine.
Fais couler tout le sang que j'exige de toi,
Ta main de mes serments aura rempli la foi.
Regarde qui de nous fait au ciel une injure,

Qui de nous deux enfin est ici le parjure.
PLISTHENE.
Ah! seigneur, puis-je voir votre cœur aujourd'hui
Descendre à des détours si peu dignes de lui?
Non, par de feints serments je ne crois point qu'Atrée
Ait pu braver des dieux la majesté sacrée,
Se jouer de la foi des crédules humains,
Violer en un jour tous les droits les plus saints.
Enchanté d'une paix si long-temps attendue,
Je vous louois déjà de nous l'avoir rendue;
Et je m'applaudissois, dans des moments si doux,
D'avoir pu d'un héros désarmer le courroux.
J'admirois un grand cœur au milieu de l'offense,
Qui, maître de punir, méprisoit la vengeance.
Thyeste est criminel, voulez-vous l'être aussi?
Sont-ce là vos serments? pardonnez-vous ainsi?
ATRÉE.
Qui! moi, lui pardonner! les fieres Euménides
Du sang des malheureux sont cent fois moins avides,
Et leur farouche aspect inspire moins d'horreur,
Que Thyeste aujourd'hui n'en inspire à mon cœur.
Quels que soient mes serments, trop de fureur m'anime.
Perfide, il te sied bien d'oser m'en faire un crime!
Laisse là ces serments; si j'ai pu les trahir,
C'est au ciel d'en juger, à toi de m'obéir.
Dans un fils qui faisoit ma plus chere espérance,

ACTE III, SCENE III.

Je ne vois qu'un ingrat qui trahit ma vengeance.
Plisthene est un héros, son pere est outragé;
Il a de la valeur, je ne suis pas vengé!
Ah! ne me force point, dans ma fureur extrême,
(Que sais-je? hélas!) peut-être à t'immoler toi-même!
Car enfin, puisqu'il faut du sang à ma fureur,
Malheur à qui trahit les transports de mon cœur!

PLISTHENE.

Versez le sang d'un fils, s'il peut vous satisfaire;
Mais n'en attendez rien à sa vertu contraire.
S'il faut voir votre affront par un crime effacé,
Je ne me souviens plus qu'on vous ait offensé;
Oui, seigneur; et ma main, loin d'être meurtriere,
Défendra contre vous les jours de votre frere.
Seconder vos fureurs, ce seroit vous trahir :
Votre gloire m'engage à vous désobéir.

ATRÉE.

Enfin j'ouvre les yeux; ta lâcheté, perfide,
Ne me fait que trop voir l'intérêt qui te guide.
Tu trahis pour Thyeste et les dieux et ta foi;
Ce n'est pas d'aujourd'hui qu'il est connu de toi.
Ose encor me jurer que pour Théodamie
Ton cœur ne brûle point d'une flamme ennemie.

PLISTHENE.

Ah! si c'est là trahir mon devoir et ma foi,
Non, jamais on ne fut plus coupable que moi.

Oui, seigneur, il est vrai, la princesse m'est chere;
Jugez si c'est à moi d'assassiner son pere.
Vous connoissez le feu qui dévore mon sein;
Et, pour verser son sang, vous choisissez ma main!

ATRÉE.

Ce n'est pas la vertu, c'est donc l'amour, parjure,
Qui te force au refus de venger mon injure!
Voyons si cet amour, qui t'a fait me trahir,
Servira maintenant à me faire obéir.
Tu n'auras pas en vain aimé Théodamie;
Venge-moi dès ce jour, ou c'est fait de ta vie.

PLISTHENE.

Ah! grands dieux!

ATRÉE.

Tu frémis; je t'en laisse le choix,
Et te le laisse, ingrat, pour la derniere fois.

PLISTHENE.

Ah! mon choix est tout fait dans ce moment funeste;
C'est mon sang qu'il vous faut, non le sang de Thyeste.

ATRÉE.

Quand l'amour de mon fils semble avoir fait le sien,
Il ne m'importe plus de son sang ou du tien.
Obéis cependant, acheve ma vengeance;
L'instant fatal approche, et Thyeste s'avance:
S'il n'est mort lorsqu'enfin je reverrai ces lieux,
J'immole sans pitié ton amante à tes yeux.

ACTE III, SCENE III.

Rappelle tes esprits; avec lui je te laisse.
Au secours de ta main appelle ta princesse;
Le soin de la sauver doit exciter ton bras.

PLISTHENE.

Quoi! vous l'immoleriez! je ne vous quitte pas.
Je crois voir dans Thyeste un dieu qui m'épouvante.
Ah! seigneur!

ATRÉE.

Viens donc voir expirer ton amante;
Du moindre mouvement sa mort sera le fruit.

SCENE IV.

PLISTHENE.

Dieux! plongez-moi plutôt dans l'éternelle nuit.
Non, cruel, n'attends pas que ma main meurtriere
Fasse couler le sang de ton malheureux frere.
Assouvis, si tu veux, ta fureur sur le mien :
Mais, dussé-je en périr, je défendrai le sien.

SCENE V.

THYESTE, PLISTHENE.

THYESTE.

Prince, qu'un tendre soin dans mon sort intéresse,

Héros dont les vertus charment toute la Grece,
Qu'il m'est doux de pouvoir embrasser aujourd'hui
De mes jours malheureux l'unique et sûr appui!
PLISTHENE.
Quel appui, juste ciel! quel cœur impitoyable
Ne seroit point touché du sort qui vous accable!
Ah! plût aux dieux pouvoir, aux dépens de mes jours,
D'une si chere vie éterniser le cours!
Que je verrois couler tout mon sang avec joie,
S'il terminoit les maux où vous êtes en proie!
Ce n'est point la pitié qui m'attendrit, seigneur :
Je sens des mouvements inconnus à mon cœur.
THYESTE.
Seigneur, soit amitié, soit raison qui m'inspire,
Tout m'est cher d'un héros que l'univers admire.
Que ne puis-je exprimer ce que je sens pour vous!
Non, l'amitié n'a point de sentiments si doux.
PLISTHENE.
Ah! si je vous suis cher, que mon respect extrême
M'acquitte bien, seigneur, de ce bonheur suprême!
On n'aima jamais plus; le ciel m'en est témoin;
A peine la nature iroit-elle aussi loin :
Et ma tendre amitié, par vos maux consacrée,
A semblé redoubler par les rigueurs d'Atrée.
Vous m'aimez; le ciel sait si je puis vous haïr,
Ce qu'il m'en coûteroit s'il falloit obéir.

ACTE III, SCENE V.

THYESTE.

Seigneur, que dites-vous? qui fait couler vos larmes?
Que tout ce que je vois fait renaître d'alarmes?
Vous soupirez; la mort est peinte dans vos yeux;
Vos regards attendris se tournent vers les cieux :
Quel malheur si terrible a pu troubler Plisthene?
Jusqu'au fond de mon cœur je ressens votre peine.
Voulez-vous dérober ce secret à ma foi?
Quand je suis tout à vous, n'êtes-vous point à moi?
Cher prince, ignorez-vous à quel point je vous aime?
Ma fille ne m'est pas plus chere que vous-même.

PLISTHENE.

Faut-il la voir périr dans ces funestes lieux!

THYESTE.

Quel étrange discours! cher prince, au nom des dieux,
Au nom d'une amitié si sincere et si tendre,
Daignez m'en éclaircir.

PLISTHENE.

    Ah! dois-je vous l'apprendre?
Mais, dût tomber sur moi le plus affreux courroux,
Je ne puis plus trahir ce que je sens pour vous.
Fuyez, seigneur, fuyez.

THYESTE.

    Quel est donc ce mystere,
Cher prince? et qu'ai-je encore à craindre de mon frere?

SCENE VI.

ATRÉE, THYESTE, PLISTHENE.

PLISTHENE, *apercevant Atrée.*

Ah! ciel!

ATRÉE, *à Plisthene.*

C'est donc ainsi que, fidele à son roi...
Mais je sais de quel prix récompenser la foi...

PLISTHENE.

Ah! seigneur, si jamais...

ATRÉE.

Que voulez-vous me dire?
Sortez: en d'autres lieux vous pourrez m'en instruire.
Votre frivole excuse exige un autre temps;
Et mon cœur est rempli de soins plus importants.

SCENE VII.

ATRÉE, THYESTE.

THYESTE.

De ce transport, seigneur, que faut-il que je pense?
Qui peut vous emporter à tant de violence?
Qu'a fait ce fils? qui peut vous armer contre lui?

Ou plutôt contre moi qui vous arme aujourd'hui?
Ne m'offrez-vous la paix...?

ATRÉE.

Quel est donc ce langage?
A me l'oser tenir quel soupçon vous engage?
Quelle indigne frayeur a troublé vos esprits?
Quel intérêt enfin prenez-vous à mon fils?
Ne puis-je menacer un ingrat qui m'offense,
Sans aigrir de vos soins l'injuste défiance?
Allez: de mes desseins vous serez éclairci;
Et d'autres intérêts me conduisent ici.

SCENE VIII.

ATRÉE.

Quoi! même dans des lieux soumis à ma puissance
J'aurai tenté sans fruit une juste vengeance!
Et le lâche qui doit la servir en ce jour
Trahit, pour la tromper, jusques à son amour!
Ah! je le punirai de l'avoir différée,
Comme fils de Thyeste, ou comme fils d'Atrée.
Mériter ma vengeance est un moindre forfait
Que d'oser un moment en retarder l'effet.
Perfide, malgré toi, je t'en ferai complice,
Ton roi, pour tant d'affronts, n'a pas pour un supplice.

ACTE III, SCENE VIII.

Je ne punirois point vos forfaits différents,
Si je ne m'en vengeois par des forfaits plus grands.
Où Thyeste paroît, tout respire le crime ;
Je me sens agité de l'esprit qui l'anime.
Je suis déja coupable. Étoit-ce me venger
Que de charger son fils du soin de l'égorger ?
Qu'il vive, ce n'est plus sa mort que je médite,
La mort n'est que la fin des tourments qu'il mérite.
Que le perfide, en proie aux horreurs de son sort,
Implore comme un bien la plus affreuse mort.
Que ma triste vengeance, à tous les deux cruelle,
Étonne jusqu'aux dieux qui n'ont rien fait pour elle.
Vengeons tous nos affronts, mais par un tel forfait,
Que Thyeste lui-même eût voulu l'avoir fait.
Lâche et vaine pitié, que ton murmure cesse ;
Dans les cœurs outragés tu n'es qu'une foiblesse ;
Abandonne le mien : qu'exiges-tu d'un cœur
Qui ne reconnoît plus de dieux que sa fureur ?
Courons tout préparer ; et, par un coup funeste,
Surpassons, s'il se peut, les crimes de Thyeste.
Le ciel, pour le punir d'avoir pu m'outrager,
A remis à son sang le soin de m'en venger.

FIN DU TROISIEME ACTE.

ACTE QUATRIEME.

SCENE PREMIERE.

PLISTHENE, THESSANDRE.

THESSANDRE.

Ou courez-vous, seigneur? qu'allez-vous entreprendre?
PLISTHENE.
D'un cœur au désespoir tout ce qu'on peut attendre.
THESSANDRE.
Quelle est donc la fureur dont je vous vois épris?
Ciel! dans quel trouble affreux jetez-vous mes esprits!
D'où naît ce désespoir que chaque instant irrite?
Pour qui préparez-vous ces vaisseaux, cette fuite?
Quel intérêt enfin arme ici votre bras,
Et ces amis tout prêts à marcher sur vos pas?
Parlez, seigneur : le roi, désormais plus sévere...
PLISTHENE.
Qu'avois-je fait aux dieux pour naître d'un tel pere?
O devoir, dans mon cœur trop long-temps respecté,

Laisse un moment l'amour agir en liberté.
Les rigoureuses lois qu'impose la nature
Ne sont plus que des droits dont la vertu murmure.
Secrets persécuteurs des cœurs nés vertueux,
Remords, qu'exigez-vous d'un amant malheureux?

THESSANDRE.

Que dites-vous, seigneur? quelle douleur vous presse?

PLISTHENE.

Thessandre, il faut périr, ou sauver ma princesse.

THESSANDRE.

La sauver! et de qui?

PLISTHENE.

Du roi, dont la fureur
Va lui plonger peut-être un poignard dans le cœur.
C'est pour la dérober au coup qui la menace,
Que je n'écoute plus qu'une coupable audace.
Non, cruel, ce n'est point pour la voir expirer,
Que du plus tendre amour je me sens inspirer.
Croirois-tu que du roi la haine sanguinaire
A voulu me forcer d'assassiner son frere;
Que, pour mieux m'obliger à lui percer le flanc,
De sa fille, au refus, il doit verser le sang?
Ah! je me sens saisir d'une fureur nouvelle:
Courons, pour la sauver, où mon honneur m'appelle.
Mais où la rencontrer? Eh quoi! les justes dieux
M'ont-ils déja puni d'un projet odieux?

ACTE IV, SCENE I.

Que fait Thyeste? hélas! qu'est-elle devenue?
Qui peut dans ce palais la soustraire à ma vue?
Je frémis : retournons les chercher en ces lieux,
Les en sauver, Thessandre, ou périr à leurs yeux.
Allons: ne laissons point, dans l'ardeur qui m'anime,
Un cœur comme le mien réfléchir sur un crime.
Étouffons des remords que j'avois dû prévoir,
Lorsque je n'attends rien que de mon désespoir.
Suis-moi; c'est trop tarder; et d'un péril extrême
On doit moins balancer à sauver ce qu'on aime.
Ce n'est point un forfait; c'est imiter les dieux
Que de remplir son cœur du soin des malheureux.

SCENE II.

PLISTHENE, THÉODAMIE, THESSANDRE, LÉONIDE.

PLISTHENE.

Mais que vois-je, Thessandre? ô ciel! quelle est ma joie!
(*à Théodamie.*)
Se peut-il qu'en ces lieux Plisthene vous revoie?
L'unique objet des soins de mon cœur éperdu,
Hélas! par quel bonheur nous est-il donc rendu?
Quoi! c'est vous, ma princesse! ah! ma fureur calmée
Fait place à la douceur dont mon ame est charmée.

Dieux ! qu'allois-je tenter ? Mais quel est votre effroi ?
Qui fait couler vos pleurs ? et qu'est-ce que je vois ?

THÉODAMIE.

Seigneur, vous me voyez les yeux baignés de larmes,
Et le cœur agité des plus vives alarmes.
Thyeste va bientôt ensanglanter ces lieux,
Si vous ne retenez ce prince furieux.
Trop sûr que votre mort, que la sienne est jurée,
Il veut la prévenir par la perte d'Atrée.
Il erre en ce palais dans ce cruel dessein,
Tout prêt à lui plonger un poignard dans le sein.
Il est perdu, seigneur, ce prince qui vous aime,
Si vous ne le sauvez d'Atrée, ou de lui-même.
Il voit de tous côtés qu'on observe ses pas ;
Le péril cependant ne l'épouvante pas.
Si la pitié pour nous peut émouvoir votre ame,
Si moi-même en secret j'approuvai votre flamme,
S'il est vrai que l'amour ait pu vous attendrir,
Au nom de cet amour daignez le secourir.
Je vous dirois qu'un cœur plein de reconnoissance
D'un service si grand sera la récompense,
S'il avoit attendu que tant de soins pour nous
Vinssent justifier ce qu'il sentoit pour vous.

PLISTHENE.

Dissipez vos frayeurs, et calmez vos alarmes ;
Vos yeux, pour m'attendrir, n'ont pas besoin de larmes.

ACTE IV, SCENE II.

Hélas! qui plus que moi doit plaindre vos malheurs?
Ne craignez rien; mes soins ont prévenu vos pleurs.
De ces funestes lieux votre fuite assurée
Va vous mettre à couvert des cruautés d'Atrée;
Et je vais, s'il le faut, aux dépens de ma foi,
Prouver à vos beaux yeux ce qu'ils peuvent sur moi.
Oui, croyez-en ces dieux que mon amour atteste,
Croyez-en ces garants du salut de Thyeste:
Il m'est plus cher qu'à vous: sans me donner la mort,
Le roi ne sera point l'arbitre de son sort.
Votre pere vivra; vous vivrez; et Plisthene
N'aura point eu pour vous une tendresse vaine.
Je sauverai Thyeste. Eh! que n'ai-je point fait?
Hélas! si vous saviez d'un barbare projet
A quel prix j'ai déja tenté de le défendre...
Venez; pour lui, pour vous, je vais tout entreprendre;
Heureux si je pouvois, en vous sauvant tous deux,
Près de ne vous voir plus, expirer à vos yeux?

SCENE III.

THYESTE, PLISTHENE, THÉODAMIE, THESSANDRE, LÉONIDE.

PLISTHENE.

Mais Thyeste paroît; quel bonheur est le nôtre!

Quel favorable sort nous réjoint l'un et l'autre !

THYESTE, *apercevant Plisthene.*

Que vois-je ? Dieux puissants, après un si grand bien,
Non, Thyeste de vous ne demande plus rien.
Quoi ! prince, vous vivez ! eh ! comment d'un perfide
Avez-vous pu fléchir le courroux parricide ?
Que faisiez-vous, cher Prince ? et dans ces mêmes lieux
Qui pouvoit si long-temps vous cacher à nos yeux ?
Effrayé des fureurs où mon ame est livrée,
Je vous croyois déja la victime d'Atrée :
Plisthene dans ces lieux n'étoit plus attendu.
Je l'avoue, à mon tour je me suis cru perdu :
J'allois tenter...

PLISTHENE.

    Calmez le soin qui vous dévore ;
Vous n'êtes point perdu, puisque je vis encore.
Tant que l'astre du jour éclairera mes yeux,
Il n'éclairera point votre perte en ces lieux :
Malgré tous mes malheurs, je vis pour vous défendre.
De ces bords cependant fuyez sans plus attendre ;
Et, sans vous informer d'un odieux secret,
Croyez-en un ami qui vous quitte à regret.
Adieu, seigneur, adieu : mon ame est satisfaite
D'avoir pu vous offrir une sûre retraite.
Thessandre doit guider, au sortir du palais,
Des pas que je voudrois n'abandonner jamais.

ACTE IV, SCENE III.

THYESTE.

Moi fuir, prince! qui? moi! que je vous abandonne!
Ah! ce n'est pas ainsi que ma gloire en ordonne.
Instruit par vos bontés pour un sang malheureux,
Je n'en trahirai point l'exemple généreux.
Accablé des malheurs où le destin me livre,
Je veux mourir en roi, si je ne puis plus vivre.
Laissez-moi près de vous: je ne puis vous quitter.
De noirs pressentiments viennent m'épouvanter;
Je sens à chaque instant que mes craintes redoublent.
Que pour vous, en secret, mes entrailles se troublent:
Je combats vainement de si vives douleurs;
Un pouvoir inconnu me fait verser des pleurs.
Laissez-moi partager le sort qui vous menace.
Au courroux du tyran la tendresse a fait place;
Les noms de fils pour lui sont des noms superflus;
Et ce n'est pas son sang qu'il respecte le plus.

PLISTHENE.

Ah! qu'il verse le mien : plût au ciel que mon pere
Dans le sang de son fils eût éteint sa colere!
Fuyez, seigneur, fuyez; et ne m'exposez pas
A l'horreur de vous voir égorger dans mes bras.
Hélas! je ne crains point pour votre seule vie:
Ne fuyez pas pour vous, mais pour Théodamie.
C'est vous en dire assez, seigneur, sauvez du moins
L'objet de ma tendresse et l'objet de mes soins,

Et ne m'exposez pas à l'horreur légitime
D'avoir, sans fruit pour vous, osé tenter un crime.
Fuyez, n'abusez point d'un moment précieux.
Cherchez-vous à périr dans ces funestes lieux?
Thessandre, conduisez...

THESSANDRE.
    Seigneur, le roi s'avance.

PLISTHENE.
Il en est temps encore, évitez sa présence.

SCENE IV.

ATRÉE, THYESTE, PLISTHENE, THÉODAMIE, EURYSTHENE, THESSANDRE, LÉONIDE, GARDES.

ATRÉE.
D'où vient, à mon abord, le trouble où je vous voi?
Ne craignez rien, les dieux ont fléchi votre roi.
Ce n'est plus ce cruel guidé par sa vengeance;
Et le ciel dans son cœur a pris votre défense.
 (*à Thyeste.*)
Ne crains rien pour des jours par ma rage proscrits.
Gardes, éloignez-vous.

SCENE V.

ATRÉE, THYESTE, PLISTHENE, THÉO-
DAMIE, EURYSTHENE, THESSANDRE,
LÉONIDE.

ATRÉE, *à Thyeste.*
Rassure tes esprits :
D'une indigne frayeur je vois ton ame atteinte ;
Thyeste, chasse-s-en les horreurs et la crainte.
Ne redoute plus rien de mon inimitié,
Toute ma haine cede à ma juste pitié.
Ne crains plus une main à te perdre animée ;
Tes malheurs sont si grands qu'elle en est désarmée :
Et les dieux, effrayés des forfaits des humains,
Jamais plus à propos n'ont trahi leurs desseins.
Quelle étoit ma fureur ! et que vais-je t'apprendre !
Ton cœur déja tremblant va frémir de l'entendre.
Je le répete encor ; tes malheurs sont si grands,
Qu'à peine je les crois, moi qui te les apprends.
(*il lui montre un billet d'Aerope.*)
Ce billet seul contient un secret si funeste...
Mais, avant de l'ouvrir, écoute tout le reste.
Tu n'as pas oublié les sujets odieux
D'un courroux excité par tes indignes feux :

Souviens-t'en; c'est à toi d'en garder la mémoire:
Pour moi, je les oublie; ils blessent trop ma gloire.
Cependant contre toi que n'ai-je point tenté!
J'en sens encor frémir mon cœur épouvanté.
En vain sur mes serments ton ame rassurée
Comptoit sur une paix que je t'avois jurée;
Car, dans l'instant fatal où j'attestois les cieux,
Je me jurois ta mort, et j'imposois aux dieux.
Je n'en veux pour témoin que ce même Plisthene,
Par de pareils serments qui sut tromper ma haine.
C'étoit lui qui devoit me venger aujourd'hui
D'un crime dont l'affront rejaillissoit sur lui;
Et, pour mieux l'engager à t'arracher la vie,
J'en devois, au refus, priver Théodamie.
De ce récit affreux ne prends aucun effroi:
Tu dois te rassurer en le tenant de moi.

(*à Plisthene.*)

Et toi, dont la vertu m'a garanti d'un crime,
Ne crains rien d'un courroux peut-être légitime.
Si c'est un crime à toi de ne le point servir,
Quelle eût été l'horreur d'avoir pu l'assouvir!
Enfin, c'eût été peu que d'immoler mon frere,
Le malheureux auroit assassiné son pere.

THYESTE.

Moi, son pere!

ATRÉE.

Ces mots vont t'en instruire. Lis.
(*il lui donne la lettre d'Aerope.*)

THYESTE.

Dieux! qu'est-ce que je vois? c'est d'Aerope. Ah! mon fils!
La nature en mon cœur éclaircit ce mystere.
Thyeste t'aimoit trop pour n'être point ton pere.
Cher Plisthene, mes vœux sont enfin accomplis.

PLISTHENE.

Ciel! qu'est-ce que j'entends? moi, seigneur, votre fils!
Tout sembloit réserver, dans un jour si funeste,
Ma main au parricide, et mon cœur à l'inceste.
Grands dieux, qui m'épargnez tant d'horreurs en ce jour,
Dois-je bénir vos soins, ou plaindre mon amour?
(*à Atrée.*)
Vous qui, trompé long-temps dans une injuste haine,
Du nom de votre fils honorâtes Plisthene;
Quand je ne le suis plus, seigneur, il m'est bien doux
D'être du moins sorti d'un même sang que vous.
Je ne suis consolé de perdre en vous un pere,
Que lorsque je deviens le fils de votre frere.
Mais ce fils, près de vous, privé d'un si haut rang,
L'est toujours par le cœur, s'il ne l'est par le sang.

ATRÉE.

C'eût été pour Atrée une perte funeste,

S'il eût fallu te rendre à d'autres qu'à Thyeste.
Le destin ne pouvoit, qu'en te donnant à lui,
Me consoler d'un bien qu'il m'enleve aujourd'hui.
Eurysthene, sensible aux larmes de ta mere,
Est celui qui me fit, de son bourreau, ton pere.
Instruit de mes fureurs, c'est lui dont la pitié
Vient de vous sauver tous de mon inimitié.

(*à Thyeste.*)

Thyeste, après ce fils que je viens de te rendre,
Tu vois si désormais je cherche à te surprendre.
Reçois-le de ma main pour garant d'une paix
Que mes soupçons jaloux ne troubleront jamais :
Enfin, pour t'en donner une entiere assurance,
C'est par un fils si cher que ton frere commence.
En faveur de ce fils, qui fut long-temps le mien,
De mon sceptre aujourd'hui je détache le tien.
Rentre dans tes états sous de si doux auspices,
Qui de notre union ne sont que les prémices.
Je prétends que ce jour, que souilloit ma fureur,
Acheve de bannir les soupçons de ton cœur.
Thyeste, en croiras-tu la coupe de nos peres?
Est-ce offrir de la paix des garants peu sinceres?
Tu sais qu'aucun de nous, sans un malheur soudain,
Sur ce gage sacré n'ose jurer en vain :
C'est sa perte, en un mot : cette coupe fatale
Est le serment du Styx pour les fils de Tantale.

Je veux bien aujourd'hui, pour lui prouver ma foi,
En mettre le péril entre Thyeste et moi :
Veut-il bien, à son tour, que la coupe sacrée
Acheve l'union de Thyeste et d'Atrée?

THYESTE.

Pourriez-vous m'en offrir un gage plus sacré
Que de me rendre un fils? Mon cœur est rassuré;
Et je ne pense pas que le don de Plisthene
Soit un présent, seigneur, que m'ait fait votre haine.
J'accepte cependant ces garants d'une paix
Qui fait depuis long-temps mes plus tendres souhaits.
Non que d'aucun détour un frere vous soupçonne;
A la foi d'un grand roi Thyeste s'abandonne :
S'il en reçoit enfin des gages en ce jour,
C'est pour vous rassurer sur la sienne à son tour.

ATRÉE.

Pour cet heureux moment qu'en ces lieux tout s'apprête;
Qu'un pompeux sacrifice en précede la fête;
Trop heureux si Thyeste, assuré de la paix,
Daigne la regarder comme un de mes bienfaits!
Vous qui de mon courroux avez sauvé Plisthene,
C'est vous, de ce grand jour, que je charge, Eurysthene;
J'en remets à vos soins la fête et les apprêts.
Courez tout préparer au gré de mes souhaits.
Mon frere n'attend plus que la coupe sacrée :
Offrons-lui ce garant de l'amitié d'Atrée.

Puisse le nœud sacré qui doit nous réunir
Effacer de son cœur un triste souvenir!
Pourra-t-il oublier...?

THYESTE.

Tout, jusqu'à sa misere.
Il ne se souvient plus que d'un fils et d'un frere.

SCENE VI.

PLISTHENE, THESSANDRE.

PLISTHENE, *à Thessandre.*

Dès ce moment, au port précipite tes pas;
Que le vaisseau sur-tout ne s'en écarte pas.
De mille affreux soupçons j'ai peine à me défendre.
Cours; et que nos amis viennent ici m'attendre.

FIN DU QUATRIEME ACTE.

ACTE CINQUIEME.

SCENE PREMIERE.

PLISTHENE.

Thessandre ne vient point, rien ne l'offre à mes yeux ;
Tout m'abandonne-t-il dans ces funestes lieux ?
Tristes pressentiments que le malheur enfante,
Que la crainte nourrit, que le soupçon augmente ;
Secrets avis des dieux, ne pressez plus un cœur
Dont toute la fierté combat mal la frayeur.
C'est en vain qu'elle veut y mettre quelque obstacle ;
Le cœur des malheureux n'est qu'un trop sûr oracle.
Mais pourquoi m'alarmer? et quel est mon effroi?
Puis-je, sans l'outrager, me défier d'un roi
Qui semble désormais, cédant à la nature,
Oublier qu'à sa gloire on ait fait une injure?
L'oublier! ah! moi-même, oublié-je aujourd'hui
Ce qu'il vouloit de moi, ce que j'ai vu de lui?
Puis-je en croire une paix déja sans fruit jurée?

Dès qu'il faut pardonner, n'attendons rien d'Atrée.
Je ne connois que trop ses transports furieux;
Et sa fausse pitié n'éblouit point mes yeux.
C'est en vain de sa main que je reçois un pere;
Tout ce qui vient de lui cache quelque mystere.
J'en ai trop éprouvé de son perfide cœur
Pour oser, sur sa foi, déposer ma frayeur.
Je ne sais quel soupçon irrite mes alarmes;
Mais du fond de mon cœur je sens couler mes larmes.
Thessandre ne vient point : tant de retardements
Ne confirment que trop mes noirs pressentiments.

SCENE II.

PLISTHENE, THESSANDRE.

PLISTHENE.

Mais je le vois. Eh bien! en est-ce fait, Thessandre?
Sur les bords de l'Euripe est-il temps de nous rendre?
Pour cet heureux moment as-tu tout préparé?
De nos amis secrets t'es-tu bien assuré?

THESSANDRE.

Il ne tient plus qu'à vous d'éprouver leur courage;
Je les ai dispersés, ici, sur le rivage;
Tout est prêt. Cependant, si Plisthene aujourd'hui
Veut en croire des cœurs pleins de zele pour lui,

ACTE V, SCENE II.

Il ne partira point : ce dessein téméraire
Pourroit causer sa perte et celle de son pere.

PLISTHENE.

Ah! je ne fuirois pas, quel que fût mon effroi,
Si mon cœur aujourd'hui ne trembloit que pour moi.
Thessandre, il faut sauver mon pere et la princesse;
Ce n'est plus que pour eux que mon cœur s'intéresse.
Cherche Théodamie, et ne la quitte pas;
Moi, je cours retrouver Thyeste de ce pas.

THESSANDRE.

Eh! que prétendez-vous, seigneur, lorsque son frere
Semble de sa présence accabler votre pere?
Il ne le quitte point; ses longs embrassements
Sont toujours resserrés par de nouveaux serments.
Un superbe festin par son ordre s'apprête;
Il appelle les dieux à cette auguste fête.
Mon cœur, à cet aspect qui s'est laissé charmer,
Ne voit rien dont le vôtre ait lieu de s'alarmer.

PLISTHENE.

Et moi, je ne vois rien dont le mien ne frémisse.
De quelque crime affreux cette fête est complice;
C'est assez qu'un tyran la consacre en ces lieux;
Et nous sommes perdus s'il invoque les dieux.
Va, cours avec ma sœur nous attendre au rivage;
Moi, je vais à Thyeste ouvrir un sûr passage.

SCENE III.

PLISTHENE.

Dieux puissants, secondez un si juste dessein,
Et dérobez mon pere aux coups d'un inhumain.

SCENE IV.

ATRÉE, PLISTHENE, GARDES.

ATRÉE.

Demeure, digne fils d'Aerope et de Thyeste;
Demeure, reste impur d'un sang que je déteste.
Pour remplir de tes soins le projet important,
Demeure, c'est ici que Thyeste t'attend;
Et tu n'iras pas loin pour rejoindre, perfide,
Les traîtres qu'en ces lieux arme ton parricide.
Prince indigne du jour, voilà donc les effets
Que dans ton ame ingrate ont produits mes bienfaits!
A peine le destin te redonne à ton pere,
Que ton cœur aussitôt en prend le caractere;
Et plus ingrat que lui, puisqu'il me devoit moins,
L'attentat le plus noir est le prix de mes soins.
Va, pour le prix des tiens, retrouver tes complices :

Va périr avec eux dans l'horreur des supplices.

PLISTHENE.

Pourquoi me supposer un indigne forfait?
Est-ce pour vos pareils que le prétexte est fait?
Vos reproches honteux n'ont rien qui me surprenne,
Et je ne sens que trop ce que peut votre haine.
Aurois-je prétendu, né d'un sang odieux,
Vous être plus sacré que n'ont été les dieux?
A travers les détours de votre ame parjure,
J'entrevois des horreurs dont frémit la nature.
Dans la juste fureur dont mon cœur est épris...
Mais non, je me souviens que je fus votre fils.
Malgré vos cruautés, et malgré ma colere,
Je crois encore ici m'adresser à mon pere.
Quoique trop assuré de ne point l'attendrir,
Je sens bien que du moins je ne dois point l'aigrir,
Dans l'espoir que ma mort pourra vous satisfaire,
Que vous épargnerez votre malheureux frere.
Le crime supposé qu'on m'impute aujourd'hui,
Tout, jusqu'à son départ, est un secret pour lui.
Sur la foi d'une paix si saintement jurée,
Il se croit sans péril entre les mains d'Atrée:
J'ai pénétré moi seul au fond de votre cœur;
Et mon malheureux pere est encor dans l'erreur.
Je ne vous parle point d'une jeune princesse;
A la faire périr rien ne vous intéresse.

ATRÉE.

Va, tu prétends en vain t'éclaircir de leur sort;
Meurs dans ce doute affreux, plus cruel que la mort.
De leur sort aux enfers va chercher qui t'instruise.
Où l'on doit l'immoler, gardes, qu'on le conduise;
Versez à ma fureur ce sang abandonné,
Et songez à remplir l'ordre que j'ai donné.

SCENE V.

ATRÉE.

Va périr, malheureux, mais, dans ton sort funeste,
Cent fois moins malheureux que le lâche Thyeste.
Que je suis satisfait! que de pleurs vont couler
Pour ce fils qu'à ma rage on est près d'immoler!
Quel que soit en ces lieux son supplice barbare,
C'est le moindre tourment qu'à Thyeste il prépare.
Ce fils infortuné, cet objet de ses vœux,
Va devenir pour lui l'objet le plus affreux.
Je ne te l'ai rendu que pour te le reprendre,
Et ne te le ravis que pour mieux te le rendre.
Oui, je voudrois pouvoir, au gré de ma fureur,
Le porter tout sanglant jusqu'au fond de ton cœur.
Quel qu'en soit le forfait, un dessein si funeste,
S'il n'est digne d'Atrée, est digne de Thyeste.

ACTE V, SCENE V.

De son fils tout sanglant, de son malheureux fils,
Je veux que dans son sein il entende les cris.
C'est en toi-même, ingrat, qu'il faut que ma victime,
Ce fruit de tes amours, aille expier ton crime.
Je frissonne, et je sens mon ame se troubler :
C'est à mon ennemi qu'il convient de trembler.
Qui cede à la pitié mérite qu'on l'offense;
Il faut un terme au crime, et non à la vengeance.
Tout est prêt; et déjà, dans mon cœur furieux,
Je goûte le plaisir le plus parfait des dieux.
Je vais être vengé; Thyeste, quelle joie!
Je vais jouir des maux où tu vas être en proie.
Ce n'est de ses forfaits se venger qu'à demi,
Que d'accabler de loin un perfide ennemi :
Il faut, pour bien jouir de son sort déplorable,
Le voir dans le moment qu'il devient misérable,
De ses premiers transports irriter la douleur,
Et lui faire à longs traits sentir tout son malheur.

SCENE VI.

ATRÉE, THYESTE, GARDES.

ATRÉE, *bas.*

Thyeste vient; feignons; il semble, à sa tristesse,
Que de son sort affreux quelque soupçon le presse.

ATRÉE ET THYESTE.

(*haut.*)

Cher Thyeste, approchez: d'où naît cette frayeur?
Quel déplaisir si prompt peut troubler votre cœur?
Vous paroissez saisi d'une douleur secrete,
Et ne me montrez plus cette ame satisfaite
Qui sembloit respirer la douceur de la paix :
Ne seroit-elle plus vos plus tendres souhaits?
Quoi! de quelques soupçons votre ame est-elle atteinte?
Ce jour, cet heureux jour est-il fait pour la crainte?
Mon frere, vous devez la bannir désormais;
La coupe va bientôt nous unir pour jamais.
Goûtez-vous la douceur d'une paix si parfaite?
Et la souhaitez-vous comme je la souhaite?
N'êtes-vous pas sensible à ce rare bonheur?

THYESTE.

Qui? moi vous soupçonner, ou vous haïr, seigneur?
Les dieux m'en sont témoins, ces dieux qu'ici j'atteste,
Qui lisent mieux que vous dans l'ame de Thyeste.
Ne vous offensez point d'une vaine terreur
Qui semble, malgré moi, s'emparer de mon cœur:
Je le sens agité d'une douleur mortelle;
Ma constance succombe; en vain je la rappelle;
Et, depuis un moment, mon esprit abattu
Laisse d'un poids honteux accabler sa vertu.
Cependant, près de vous, un je ne sais quel charme
Suspend dans ce moment le trouble qui m'alarme.

Pour rassurer encor mes timides esprits,
Rendez-moi mes enfants, faites venir mon fils;
Qu'il puisse être témoin d'une union si chere,
Et partager, seigneur, les bontés de mon frere.
ATRÉE.
Vous serez satisfait, Thyeste; et votre fils
Pour jamais en ces lieux va vous être remis.
Oui, mon frere, il n'est plus que la Parque inhumaine
Qui puisse séparer Thyeste de Plisthene.
Vous le verrez bientôt; un ordre de ma part
Le fait de ce palais hâter votre départ.
Pour donner de ma foi des preuves plus certaines,
Je veux vous renvoyer dès ce jour à Mycenes.
Malgré ce que je fais, peu sûr de cette foi,
Je vois que votre cœur s'alarme auprès de moi.
J'avois cru cependant qu'une pleine assurance
Devoit suivre...
THYESTE.
Ah! seigneur, ce reproche m'offense.
ATRÉE, *à un garde.*
Qu'on cherche la princesse; allez, et qu'en ces lieux
Plisthene, sans tarder, se présente à ses yeux.
Il faut...

SCENE VII.

ATRÉE, THYESTE, EURYSTHENE,
GARDES.

EURYSTHENE *apporte la coupe.*

ATRÉE.

Mais j'aperçois la coupe de nos peres :
Voici le nœud sacré de la paix de deux freres ;
Elle vient à propos pour rassurer un cœur
Qu'alarme en ce moment une indigne terreur.
Tel qui pouvoit encor se défier d'Atrée
En croira mieux peut-être à la coupe sacrée.
Thyeste veut-il bien qu'elle acheve en ce jour
De réunir deux cœurs désunis par l'amour ?
Pour engager un frere à plus de confiance,
Pour le convaincre enfin, donnez, que je commence.
(*il prend la coupe de la main d'Eurysthene.*)

THYESTE.

Je vous l'ai déja dit, vous m'outragez, seigneur,
Si vous vous offensez d'une vaine frayeur.
Que voudroit désormais me ravir votre haine,
Après m'avoir rendu mes états et Plisthene ?
Du plus affreux courroux quel que fût le projet,
Mes jours infortunés valent-ils ce bienfait ?

ACTE V, SCENE VII.

Eurysthene, donnez; laissez-moi l'avantage
De jurer le premier sur ce précieux gage.
Mon cœur, à son aspect, de son trouble est remis;
Donnez. Mais cependant je ne vois point mon fils.
  (*il prend la coupe des mains d'Atrée.*)

ATRÉE.

(*à ses gardes.*)   (*à Thyeste.*)
Il n'est point de retour? Rassurez-vous, mon frere;
Vous reverrez bientôt une tête si chere:
C'est de notre union le nœud le plus sacré;
Craignez moins que jamais d'en être séparé.

THYESTE.

Soyez donc les garants du salut de Thyeste,
Coupe de nos aïeux, et vous, dieux que j'atteste.
Puisse votre courroux foudroyer désormais
Le premier de nous deux qui troublera la paix!
Et vous, frere aussi cher que ma fille et Plisthene,
Recevez de ma foi cette preuve certaine.
Mais que vois-je, perfide? Ah! grands dieux! quelle horreur!
C'est du sang! tout le mien se glace dans mon cœur.
Le soleil s'obscurcit; et la coupe sanglante
Semble fuir d'elle-même à cette main tremblante.
Je me meurs. Ah! mon fils, qu'êtes-vous devenu?

SCENE VIII.

ATRÉE, THYESTE, THÉODAMIE,
EURYSTHENE, LÉONIDE, GARDES.

THÉODAMIE.

L'avez-vous pu souffrir, dieux cruels? qu'ai-je vu?
Ah! seigneur, votre fils, mon déplorable frere,
Vient d'être pour jamais privé de la lumiere.

THYESTE.

Mon fils est mort, cruel, dans ce même palais,
Et dans le même instant où l'on m'offre la paix!
Et, pour comble d'horreurs, pour comble d'épouvante,
Barbare, c'est du sang que ta main me présente!
O terre, en ce moment, peux-tu nous soutenir?
O de mon songe affreux triste ressouvenir!
Mon fils, est-ce ton sang qu'on offroit à ton pere?

ATRÉE.

Méconnois-tu ce sang?

THYESTE.

    Je reconnois mon frere.

ATRÉE.

Il falloit le connoître, et ne point l'outrager;
Ne point forcer ce frere, ingrat, à se venger.

ACTE V, SCENE VIII.

THYESTE.

Grands dieux, pour quels forfaits lancez-vous le tonnerre?
Monstre, que les enfers ont vomi sur la terre,
Assouvis la fureur dont ton cœur est épris;
Joins un malheureux père à son malheureux fils;
A ces mânes sanglants donne cette victime,
Et ne t'arrête point au milieu de ton crime.
Barbare, peux-tu bien m'épargner en des lieux
Dont tu viens de chasser et le jour et les dieux?

ATRÉE.

Non, à voir les malheurs où j'ai plongé ta vie,
Je me repentirois de te l'avoir ravie.
Par tes gémissements je connois ta douleur :
Comme je le voulois tu ressens ton malheur;
Et mon cœur, qui perdoit l'espoir de sa vengeance,
Retrouve dans tes pleurs son unique espérance.
Tu souhaites la mort, tu l'implores; et moi,
Je te laisse le jour pour me venger de toi.

THYESTE.

Tu t'en flattes en vain, et la main de Thyeste
Saura bien te priver d'un plaisir si funeste.

(*il se tue.*)

THÉODAMIE.

Ah ciel!

THYESTE.

Consolez-vous, ma fille; et de ces lieux

Fuyez, et remettez votre vengeance aux dieux.
Contente, par vos pleurs, d'implorer leur justice,
Allez loin de ce traître attendre son supplice.
Les dieux, que ce parjure a fait pâlir d'effroi,
Le rendront quelque jour plus malheureux que moi;
Le ciel me le promet, la coupe en est le gage;
Et je meurs.

ATRÉE.

A ce prix, j'accepte le présage:
Ta main, en t'immolant, a comblé mes souhaits,
Et je jouis enfin du fruit de mes forfaits.

FIN D'ATRÉE ET THYESTE.

ÉLECTRE,

TRAGÉDIE EN CINQ ACTES,

REPRÉSENTÉE, POUR LA PREMIERE FOIS,

LE 14 DÉCEMBRE 1708.

PRÉFACE.

Se louer ou se plaindre du public, style ordinaire des préfaces. Jamais auteur dramatique n'eut une plus belle occasion de suivre un usage que la vanité de ses confreres a consacré dès long-temps. En effet, je sais peu de pieces dont on ait parlé plus diversement que de celle-ci; et il n'y en a peut-être point qui ait mieux mérité tout le bien et tout le mal qu'on en a dit. Mes amis d'une part, les critiques de l'autre, ont outré la matiere sur cet article. C'est donc aux gens indifférents que ceci s'adresse, puisque ce sont ceux qui doivent être précisément à notre égard ce qu'on appelle public. On me reproche des longueurs dans mes deux premiers actes, trop de complication dans le sujet. Je passe condamnation. La sortie d'Électre de dessus la scene, dans le premier acte, y laisse un vide qui le fait languir dans tout le reste. Une bonne partie du second tient plus du poëme épique que du tragique: en un mot, les descriptions y sont trop fréquentes. Trop de complication. A cela je n'ai qu'une chose à répondre : le sujet d'Électre est si simple

PRÉFACE.

par lui-même, que je ne crois pas qu'on puisse le traiter avec quelque espérance de succès en le dénuant d'épisodes. Il s'agit de faire périr les meurtiers d'Agamemnon ; on n'attend pour cela que le retour d'Oreste. Oreste arrivé, sa reconnoissance faite avec sa sœur, voilà la piece à son dénouement. Quelque peine qu'ait l'action à être une parmi tant d'intérêts divers, j'aime mieux encore avoir chargé mon sujet d'épisodes que de déclamations. D'ailleurs notre théâtre soutient mal-aisément cette simplicité si chérie des anciens, non qu'elle ne soit bonne, mais on n'est pas toujours sûr de plaire en s'y attachant exactement. Pour l'anachronisme qu'on m'impute sur l'âge d'Oreste, ce seroit faire injure à ceux qui ont fait cette critique que d'y répondre. Il faut ne pas entendre le théâtre, pour ne pas savoir quels sont nos droits sur les époques. Je renvoie là-dessus à Xipharès, dans Mithridate, à Narcisse, dans Britannicus. Faire naître Oreste avant ou après le siege de Troie n'est pas un point qui doive être litigieux dans un poëme. J'ai bien un autre procès à soutenir contre les zélateurs de l'antiquité, plus considérable selon eux, plus léger encore selon moi que le précédent ; c'est l'amour d'Électre ; c'est

PRÉFACE.

l'audace que j'ai eue de lui donner des sentimens que Sophocle s'est bien gardé de lui donner. Il est vrai qu'ils n'étoient point en usage sur la scene de son temps, que, s'il eût vécu du nôtre, il eût peut-être fait comme moi. Cela ne laisse pas d'être un attentat jusque-là inoui, qui a soulevé contre un moderne inconsidéré toute cette région idolâtre, où il ne manque plus au culte qu'on y rend aux anciens que des prêtres et des victimes. En vain quelques sages protestent contre cet abus, les préjugés prévalent, et la prévention va si loin, que tels qui ne connoissent les anciens que de nom, qui ne savent pas seulement si Sophocle étoit Grec ou François, sur la foi des dévots de l'antiquité, ont prononcé hardiment contre moi. Ce n'est point la tragédie de Sophocle, ni celle d'Euripide que je donne : c'est la mienne. A-t-on fait le procès aux peintres qui depuis Apelle ont peint Alexandre autrement que le foudre à la main ?

Dussent les Grecs encor fondre sur un rebelle,

je dirai que si j'avois quelque chose à imiter de Sophocle, ce ne seroit assurément pas son Électre; qu'aux beautés près, desquelles je ne fais aucune comparaison, il y a peut-être

PRÉFACE.

dans sa piece autant de défauts que dans la mienne. Loin que cet amour, dont on fait un monstre, en soit un, je prétends qu'il donne encore plus de force au caractere d'Électre, qui a dans Sophocle plus de férocité que de véritable grandeur : c'est moins la mort de son pere qu'elle venge que ses propres malheurs. Triste objet des fureurs d'Egisthe et de Clitemnestre, n'y a-t-il pas bien à s'étonner qu'Électre ne soit occupée que de sa vengeance? Ne faire précisément que ce qu'on doit, quand rien ne s'y oppose en secret, n'est pas une vertu; mais vaincre un penchant presque toujours insurmontable dans le cœur humain, pour faire son devoir, en est une des plus grandes. Une princesse, dans un état aussi cruel que celui où se trouve Électre, dira-t-on, être amoureuse! Oui, amoureuse. Quels cœurs sont inaccessibles à l'amour? quelles situations dans la vie peuvent nous mettre à l'abri d'une passion si involontaire? Plus on est malheureux, plus on a le cœur aisé à attendrir. Ce n'est point un grand fond de vertu qui nous garantit de l'amour; il nous empêche seulement d'y succomber. Il y a bien de la différence d'ailleurs de la sensibilité d'Électre à une intrigue amoureuse. Les soins de son

PRÉFACE.

amour ne sont pas de ces soins ordinaires qui font toute la matiere de nos romans; c'est pour se punir de la foiblesse qu'elle a d'aimer le fils du meurtrier de son pere qu'elle veut précipiter les moments de sa vengeance, sans attendre le retour de son frere. Enfin, selon le systême de mes censeurs, il ne s'agit que de rendre Électre tout-à-fait à plaindre : je crois y avoir mieux réussi que Sophocle, Euripide, Eschyle, et tous ceux qui ont traité le même sujet. C'est ajouter à l'horreur du sort de cette princesse que d'y joindre une passion dont la contrainte et les remords ne font pas toujours les plus grands malheurs. Le seul défaut de l'amour d'Électre, si j'en crois mes amis qui me flattent le moins, c'est qu'il ne produit pas assez d'évènements dans toute la piece : et c'est en effet tout ce qu'on peut raisonnablement me reprocher sur ce chapitre.

ACTEURS.

CLYTEMNESTRE, veuve d'Agamemnon, et femme d'Égisthe.
ORESTE, fils d'Agamemnon et de Clytemnestre, roi de Mycenes, élevé sous le nom de Tydée.
ÉLECTRE, sœur d'Oreste.
ÉGISTHE, fils de Thyeste, meurtrier d'Agamemnon.
ITYS, fils d'Égisthe, mais d'une autre mere que Clytemnestre.
IPHIANASSE, sœur d'Itys.
PALAMEDE, gouverneur d'Oreste.
ARCAS, ancien officier d'Agamemnon.
ANTÉNOR, confident d'Oreste.
MÉLITE, confidente d'Iphianasse.
GARDES.

La scene est à Mycenes, dans le palais de ses rois.

Ton frère! quoi! je meurs de la main de mon fils!

ÉLECTRE,
TRAGÉDIE.

ACTE PREMIER.

SCENE PREMIERE.

ELECTRE.

Témoin du crime affreux que poursuit ma vengeance,
O nuit ! dont tant de fois j'ai troublé le silence,
Insensible témoin de mes vives douleurs,
Électre ne vient plus te confier des pleurs.
Son cœur, las de nourrir un désespoir timide,
Se livre enfin sans crainte au transport qui le guide.
Favorisez, grands dieux, un si juste courroux ;
Électre vous implore et s'abandonne à vous.
Pour punir les forfaits d'une race funeste,
J'ai compté trop long-temps sur le retour d'Oreste :
C'est former des projets et des vœux superflus ;
Mon frere malheureux sans doute ne vit plus.

Et vous, mânes sanglants du plus grand roi du monde,
Triste et cruel objet de ma douleur profonde,
Mon pere, s'il est vrai que sur les sombres bords
Les malheurs des vivants puissent toucher les morts,
Ah! combien doit frémir ton ombre infortunée
Des maux où ta famille est encor destinée !
C'étoit peu que les tiens, altérés de ton sang,
Eussent osé porter le couteau dans ton flanc;
Qu'à la face des dieux le meurtre de mon pere
Fût, pour comble d'horreurs, le crime de ma mere;
C'est peu qu'en d'autres mains la perfide ait remis
Le sceptre qu'après toi devoit porter ton fils,
Et que, dans mes malheurs, Égisthe, qui me brave,
Sans respect, sans pitié, traite Électre en esclave;
Pour m'accabler encor, son fils audacieux,
Itys, jusqu'à ta fille ose lever les yeux.
Des dieux et des mortels Électre abandonnée
Doit, ce jour, à son sort s'unir par l'hyménée,
Si ta mort, m'inspirant un courage nouveau,
N'en éteint par mes mains le coupable flambeau.
Mais qui peut retenir le courroux qui m'anime?
Clytemnestre osa bien s'armer pour un grand crime.
Imitons sa fureur par de plus nobles coups;
Allons à ces autels où m'attend son époux
Immoler avec lui l'amant qui nous outrage :
C'est là le moindre effort digne de mon courage.

ACTE I, SCENE I.

Je le dois... D'où vient donc que je ne le fais pas?
Ah! si c'étoit l'amour qui me retînt le bras!
Pardonne, Agamemnon, pardonne, ombre trop chere;
Mon cœur n'a point brûlé d'une flamme adultere.
Ta fille, de concert avec tes assassins,
N'a point porté sur toi de parricides mains;
J'ai tout fait pour venger ta perte déplorable;
Électre cependant n'en est pas moins coupable.
Le vertueux Itys, à travers ma douleur,
N'en a pas moins trouvé le chemin de mon cœur.
Mais Arcas ne vient point! Fidele en apparence,
Trahit-il en secret le soin de ma vengeance?

SCENE II.

ÉLECTRE, ARCAS.

ÉLECTRE.

(*à Arcas.*)

Il vient, rassurons-nous. Pleine d'un juste effroi,
Je me plaignois déja qu'on me manquoit de foi;
Je craignois qu'un ami, qui pour moi s'intéresse,
N'osât plus... Mais quoi! seul?

ARCAS.

Malheureuse princesse,
Hélas! que votre sort est digne de pitié!

ÉLECTRE.

Plus d'amis, plus d'espoir.
         ÉLECTRE.
                Quoi! leur vaine amitié,
Après tant de serments...
       ARCAS.
                Non, n'attendez rien d'elle.
Madame, en vain pour vous j'ai fait parler mon zele :
Eux-mêmes, à regret, ces trop prudents amis
S'en tiennent au secours qu'on leur avoit promis.
Qu'Oreste, disent-ils, vienne par sa présence
Rassurer des amis armés pour sa vengeance.
Palamede, chargé d'élever ce héros,
Promettoit avec lui de traverser les flots;
Son fils même avant eux devoit ici se rendre.
C'est se perdre sans eux qu'oser rien entreprendre;
Bientôt de nos projets la mort seroit le prix.
D'ailleurs, pour achever de glacer leurs esprits,
On dit que ce guerrier dont la valeur funeste
Ne se peut comparer qu'à la valeur d'Oreste,
Qui de tant d'ennemis délivre ces états,
Qui les a sauvés seul par l'effort de son bras,
Qui, chassant les deux rois de Corinthe et d'Athenes,
De morts et de mourants vient de couvrir nos plaines,
Hier, avant la nuit, parut dans ce palais;
Cet étranger, qu'Égisthe a comblé de bienfaits,
A qui ce tyran doit le salut de sa fille,

De lui, d'Itys, enfin de toute sa famille,
Est un rempart si sûr pour vos persécuteurs,
Que de tous nos amis il a glacé les cœurs.
Au seul nom du tyran que votre ame déteste,
On frémit; cependant on veut revoir Oreste.
Mais le jour, qui paroît, me chasse de ces lieux :
Je crois voir même Itys. Madame, au nom des dieux,
Loin de faire éclater le trouble de votre ame,
Flattez plutôt d'Itys l'audacieuse flamme :
Faites que votre hymen se diffère d'un jour;
Peut-être verrons-nous Oreste de retour.

ÉLECTRE.

Cesse de me flatter d'une espérance vaine.
Allez, lâches amis, qui trahissez ma haine,
Électre saura bien, sans Oreste et sans vous,
Ce jour même à vos yeux signaler son courroux.

SCENE III.

ÉLECTRE, ITYS.

ÉLECTRE.

En des lieux où je suis, trop sûr de me déplaire,
Fils d'Égisthe, oses-tu mettre un pied téméraire?

ITYS.

Madame, pardonnez à l'innocente erreur

ÉLECTRE.

Qui vous offre un amant guidé par sa douleur.
D'un amour malheureux la triste inquiétude
Me faisoit de la nuit chercher la solitude.
Pardonnez si l'amour tourne vers vous mes pas;
Itys vous souhaitoit, mais ne vous cherchoit pas.

ÉLECTRE.

Dans l'état où je suis, toujours triste, quels charmes
Peuvent avoir des yeux presque éteints dans les larmes?
Fils du tyran cruel qui fait tout mes malheurs,
Porte ailleurs ton amour, et respecte mes pleurs.

ITYS.

Ah! ne m'enviez pas cet amour, inhumaine!
Ma tendresse ne sert que trop bien votre haine.
Si l'amour cependant peut désarmer un cœur,
Quel amour fut jamais moins digne de rigueur?
A peine je vous vis que mon ame éperdue
Se livra sans réserve au poison qui me tue.
Depuis dix ans entiers que je brûle pour vous,
Qu'ai-je fait qui n'ait dû fléchir votre courroux?
De votre illustre sang conservant ce qui reste,
J'ai de mille complots sauvé les jours d'Oreste.
Moins attentif au soin de veiller sur ses jours,
Déja plus d'une main en eût tranché le cours:
Plus accablé que vous du sort qui vous opprime,
Mon amour malheureux fait encor tout mon crime.
Enfin, pour vous forcer à vous donner à moi,

ACTE I, SCENE III.

Vous savez si jamais j'exigeai rien du roi.
Il prétend qu'avec vous un nœud sacré m'unisse;
Ne m'en imputez point la cruelle injustice:
Au prix de tout mon sang je voudrois être à vous,
Si c'étoit votre aveu qui me fît votre époux.
Ah! par pitié pour vous, princesse infortunée,
Payez l'amour d'Itys par un tendre hyménée.
Puisqu'il faut l'achever, ou descendre au tombeau,
Laissez-en à mes feux allumer le flambeau.
Régnez donc avec moi; c'est trop vous en défendre;
C'est un sceptre qu'un jour Égisthe veut vous rendre.

ÉLECTRE.

Ce sceptre est-il à moi, pour me le destiner?
Ce sceptre est-il à lui, pour te l'oser donner?
C'est en vain qu'en esclave il traite une princesse,
Jusqu'à le redouter que le traître m'abaisse;
Qu'il fasse que ces fers, dont il s'est tant promis,
Soient moins honteux pour moi que l'hymen de son fils.
Cesse de te flatter d'une espérance vaine;
Ta vertu ne te sert qu'à redoubler ma haine.
Égisthe ne prétend te faire mon époux,
Que pour mettre sa tête à couvert de mes coups.
Mais sais-tu que l'hymen dont la pompe s'apprête
Ne se peut achever qu'aux dépens de sa tête?
A ces conditions je souscris à tes vœux;
Ma main sera le prix d'un coup si généreux.

Électre n'attend point cet effort de la tienne :
Je connois ta vertu ; rends justice à la mienne.
Crois-moi, loin d'écouter ta tendresse pour moi,
De Clytemnestre ici crains l'exemple pour toi.
Romps toi-même un hymen où l'on veut me contraindre
Les femmes de mon sang ne sont que trop à craindre.
Malheureux ! de tes vœux quel peut être l'espoir ?
Hélas ! quand je pourrois, rebelle à mon devoir,
Brûler un jour pour toi de feux illégitimes,
Ma vertu t'en feroit bientôt les plus grands crimes.
Je te haïrai moins, fils d'un prince odieux ;
Ne sois point, s'il se peut, plus coupable à mes yeux ;
Ne me peins plus l'ardeur dont ton ame est éprise.
Que peux-tu souhaiter ? Itys, qu'il te suffise
Qu'Électre, tout entière à son inimitié,
Ne fait point tes malheurs sans en avoir pitié.
Mais Clytemnestre vient. Ciel ! quel dessein l'amene ?
Te sers-tu contre moi du pouvoir de la reine ?

SCENE IV.

CLYTEMNESTRE, ÉLECTRE, ITYS,

GARDES.

CLYTEMNESTRE.

Dieux puissants, dissipez mon trouble et mon effroi,

ACTE I, SCENE IV.

Et chassez ces horreurs loin d'Égisthe et de moi!

ITYS.

Quelle crainte est la vôtre? où courez-vous, madame?
Vous vous plaignez; quel trouble a pu saisir votre ame?

CLYTEMNESTRE.

Prince, jamais effroi ne fut égal au mien :
Mais ce récit demande un secret entretien.
Jamais sort ne parut plus à plaindre et plus triste.
    (*à ses gardes.*)
Qu'on sache en ce moment si je puis voir Égisthe.

SCENE V.

CLYTEMNESTRE, ÉLECTRE, ITYS.

CLYTEMNESTRE.

Mais vous, qui vous guidoit aux lieux où je vous vois?
Électre se rend-elle aux volontés du roi?
A votre heureux destin la verrons-nous unie?
Sait-elle à résister qu'il y va de sa vie?

ITYS.

Ah! d'un plus doux langage empruntons le secours;
Madame, épargnez-lui de si cruels discours :
Adoucissez plutôt sa triste destinée;
Électre n'est déja que trop infortunée;
Je ne puis la contraindre; et mon esprit confus...

CLYTEMNESTRE.

Par ce raisonnement je conçois ses refus.
Mais, pour former l'hymen et de l'un et de l'autre,
On ne consultera ni son cœur ni le vôtre.
C'est, pour vous, de son sort prendre trop de souci :
Allez, dites au roi que je l'attends ici.

SCENE VI.

CLYTEMNESTRE, ÉLECTRE.

CLYTEMNESTRE.

Ainsi, loin de répondre aux bontés d'une mere,
Vous bravez de ce nom le sacré caractere;
Et, lorsque ma pitié lui fait un sort plus doux,
Électre semble encor défier mon courroux.
Bravez-le; mais du moins du sort qui vous accable
N'accusez donc que vous, princesse inexorable.
Je fléchissois un roi de son pouvoir jaloux;
Un héros, par mes soins, devenoit votre époux;
Je voulois, par l'hymen d'Itys et de ma fille,
Voir rentrer quelque jour le sceptre en sa famille :
Mais l'ingrate ne veut que nous immoler tous.
Je ne dis plus qu'un mot : Itys brûle pour vous;
Ce jour même à son sort vous devez être unie;

ACTE I, SCENE VI.

Si vous n'y souscrivez, c'est fait de votre vie.
Égisthe est las de voir son esclave en ces lieux
Exciter par ses pleurs les hommes et les dieux.

ÉLECTRE.

Contre un tyran si fier, juste ciel! quelles armes!
Qui brave les remords peut-il craindre mes larmes?
Ah, madame! est-ce à vous d'irriter mes ennuis?
Moi, son esclave! hélas! d'où vient que je le suis?
Moi, l'esclave d'Égisthe! Ah! fille infortunée!
Qui m'a fait son esclave? et de qui suis-je née?
Étoit-ce donc à vous de me le reprocher?
Ma mere, si ce nom peut encor vous toucher,
S'il est vrai qu'en ces lieux ma honte soit jurée,
Ayez pitié des maux où vous m'avez livrée;
Précipitez mes pas dans la nuit du tombeau;
Mais ne m'unissez pas au fils de mon bourreau,
Au fils de l'inhumain qui me priva d'un pere,
Qui le poursuit sur moi, sur mon malheureux frere;
Et de ma main encore il ose disposer!
Cet hymen, sans horreur, se peut-il proposer?
Vous m'aimâtes; pourquoi ne vous suis-je plus chere?
Ah! je ne vous hais point; et, malgré ma misere,
Malgré les pleurs amers dont j'arrose ces lieux,
Ce n'est que du tyran dont je me plains aux dieux.
Pour me faire oublier qu'on m'a ravi mon pere,

ÉLECTRE.

Faites-moi souvenir que vous êtes ma mere.

CLYTEMNESTRE.

Que veux-tu désormais que je fasse pour toi,
Lorsque ton hymen seul peut désarmer le roi?
Souscris sans murmurer au sort qu'on te prépare,
Et cesse de gémir de la mort d'un barbare,
Qui, s'il eût pu trouver un second Ilion,
T'auroit sacrifiée à son ambition.
Le cruel qu'il étoit, bourreau de sa famille,
Osa bien, à mes yeux, faire égorger ma fille!

ÉLECTRE.

Tout cruel qu'il étoit, il étoit votre époux :
S'il falloit l'en punir, madame, étoit-ce à vous?
Si le ciel, dont sur lui la rigueur fut extrême,
Réduisit ce héros à verser son sang même,
Du moins, en se privant d'un sang si précieux,
Il ne le fit couler que pour l'offrir aux dieux.
Mais vous, qui de ce sang immolez ce qui reste,
Mere dénaturée et d'Electre et d'Oreste,
Ce n'est point à des dieux jaloux de leurs autels,
Vous nous sacrifiez au plus vil des mortels.

SCENE VII.

ÉGISTHE, CLYTEMNESTRE, ÉLECTRE.

ÉLECTRE.

Il paroît, l'inhumain! à cette affreuse vue,
Des plus cruels transports je me sens l'ame émue.

ÉGISTHE, *à Clytemnestre*.

Madame, quel malheur, troublant votre sommeil,
Vous a fait de si loin devancer le soleil?
Quel trouble vous saisit? et quel triste présage
Couvre encor vos regards d'un si sombre nuage?
Mais Électre avec vous! que fait-elle en ces lieux?
Auriez-vous pu fléchir ce cœur audacieux?
A mes justes desirs aujourd'hui moins rebelle,
A l'hymen de mon fils Électre consent-elle?
Voit-elle sans regret préparer ce grand jour
Qui doit combler d'Itys et les vœux et l'amour?

ÉLECTRE.

Oui, tu peux désormais en ordonner la fête:
Pour cet heureux hymen ma main est toute prête:
Je n'en veux disposer qu'en faveur de ton sang,
Et je la garde à qui te percera le flanc.

(*elle sort.*)

ÉGISTHE.

Cruelle! si mon fils n'arrêtoit ma vengeance,
J'éprouverois bientôt jusqu'où va ta constance.

SCENE VIII.

ÉGISTHE, CLYTEMNESTRE.

CLYTEMNESTRE.

Seigneur, n'irritez point son orgueil furieux.
Si vous saviez les maux que m'annoncent les dieux...
J'en frémis. Non, jamais le ciel impitoyable
N'a menacé nos jours d'un sort plus déplorable.
Deux fois mes sens frappés par un triste réveil
Pour la troisieme fois se livroient au sommeil,
Quand j'ai cru, par des cris terribles et funebres,
Me sentir entraîner dans l'horreur des ténebres.
Je suivois, malgré moi, de si lugubres cris;
Je ne sais quels remords agitoient mes esprits;
Mille foudres grondoient dans un épais nuage
Qui sembloit cependant céder à mon passage.
Sous mes pas chancelants un gouffre s'est ouvert;
L'affreux séjour des morts à mes yeux s'est offert.
A travers l'Achéron, la malheureuse Electre,
A grands pas, où j'étois sembloit guider un spectre.
Je fuyois, il me suit. Ah! Seigneur, à ce nom

Mon sang se glace : hélas! c'étoit Agamemnon.
« Arrête, m'a-t-il dit d'une voix formidable,
« Voici de tes forfaits le terme redoutable :
« Arrête, épouse indigne, et frémis de ce sang
« Que le cruel Egisthe a tiré de mon flanc. »
Ce sang, qui ruisseloit d'une large blessure,
Sembloit, en s'écoulant, pousser un long murmure.
A l'instant j'ai cru voir aussi couler le mien :
Mais, malheureuse! à peine a-t-il touché le sien,
Que j'en ai vu renaître un monstre impitoyable,
Qui m'a lancé d'abord un regard effroyable.
Deux fois le Styx, frappé par ses mugissements,
A long-temps répondu par des gémissements.
Vous êtes accouru : mais le monstre en furie,
D'un seul coup, à mes pieds vous a jeté sans vie,
Et m'a ravi la mienne avec le même effort,
Sans me donner le temps de sentir votre mort.

ÉGISTHE.

Je conçois la douleur où la crainte vous plonge.
Un présage si noir n'est cependant qu'un songe,
Que le sommeil produit et nous offre au hasard,
Où, bien plus que les dieux, nos sens ont souvent part.
Pourrois-je craindre un songe à vos yeux si funeste,
Moi qui ne compte plus d'autre ennemi qu'Oreste?
Au gré de sa fureur qu'il s'arme contre nous;
Je saurai lui porter d'inévitables coups.

Ma haine à trop haut prix vient de mettre sa tête,
Pour redouter encor les malheurs qu'il m'apprête.
C'est en vain que Samos la défend contre moi ;
Qu'elle tremble à son tour pour elle et pour son roi.
Athènes, désormais de ses pertes lassée,
Nous menace bien moins qu'elle n'est menacée ;
Et le roi de Corinthe, épris plus que jamais,
Me demande aujourd'hui ma fille avec la paix.
Quel que soit son pouvoir, quoi qu'il en ose attendre,
Sans la tête d'Oreste, il n'y faut point prétendre.
D'ailleurs, pour cet hymen le ciel m'offre une main
Dont j'attends pour moi-même un secours plus certain.
Ce héros, défenseur de toute ma famille,
Est celui qu'en secret je destine à ma fille.
Ainsi je ne crains plus qu'Électre et sa fierté,
Ses reproches, ses pleurs, sa fatale beauté,
Les transports de mon fils : mais, s'il peut la contraindre
A recevoir sa foi, je n'aurai rien à craindre ;
Et la main que prétend employer mon courroux
Mettra bientôt le comble à mes vœux les plus doux.

SCENE IX.

IPHIANASSE, MÉLITE, CLYTEMNESTRE,
ÉGISTHE.

ÉGISTHE.

Mais ma fille paroît: madame, je vous laisse,
Et je vais travailler au repos de la Grece.

SCENE X.

CLYTEMNESTRE, IPHIANASSE, MÉLITE,

IPHIANASSE.

On dit qu'un noir présage, un songe plein d'horreur,
Madame, cette nuit, a troublé votre cœur.
Dans le tendre respect qui pour vous m'intéresse,
Je venois partager la douleur qui vous presse.

CLYTEMNESTRE.

Princesse, un songe affreux a frappé mes esprits;
Mon cœur s'en est troublé, la frayeur l'a surpris.
Mais, pour en détourner les funestes auspices,
Ma main va l'expier par de prompts sacrifices.

SCENE XI.

IPHIANASSE, MÉLITE.

IPHIANASSE.

Mélite, plût au ciel qu'en proie à tant d'ennuis
Un songe seul eût part à l'état où je suis !
Plût au ciel que le sort, dont la rigueur m'outrage,
N'eût fait que menacer !

MÉLITE.

Madame, quel langage !
Quel malheur de vos jours a troublé la douceur,
Et la constante paix que goûtoit votre cœur ?

IPHIANASSE.

Tes soins n'ont pas toujours conduit Iphianasse ;
Et ce calme si doux a bien changé de face.
Quelques jours malheureux, écoulés sans te voir,
D'un cœur qui s'ouvre à toi font tout le désespoir.

MÉLITE.

A finir nos malheurs, quoi ! lorsque tout conspire,
Qu'un roi jeune et puissant à votre hymen aspire,
Votre cœur désolé se consume en regrets !
Quels sont vos déplaisirs ? ou quels sont vos souhaits ?
Corinthe, avec la paix, vous demande pour reine :
Ce grand jour doit former une si belle chaîne.

ACTE I, SCENE XI.

IPHIANASSE.

Plût aux dieux que ce jour, qui te paroît si beau,
Dût des miens, à tes yeux, éteindre le flambeau !
Mais lorsque tu sauras mes mortelles alarmes,
N'irrite point mes maux, et fais grace à mes larmes.
Il te souvient encor de ces temps où, sans toi,
Nous sortîmes d'Argos à la suite du roi.
Tout sembloit menacer le trône de Mycenes,
Tout cédoit aux deux rois de Corinthe et d'Athenes.
Pour retarder du moins un si cruel malheur,
Mon frere, sans succès, fit briller sa valeur ;
Egisthe fut défait, et trop heureux encore
De pouvoir se jeter dans les murs d'Epidaure.
Tu sais tout ce qu'alors fit pour nous ce héros,
Qu'Itys avoit sauvé de la fureur des flots.
Peins-toi le Dieu terrible adoré dans la Thrace ;
Il en avoit du moins et les traits et l'audace.
Quels exploits ! non, jamais avec plus de valeur
Un mortel n'a fait voir ce que peut un grand cœur :
Je le vis ; et le mien, illustrant sa victoire,
Vaincu, quoiqu'en secret, mit le comble à sa gloire :
Heureuse si mon ame, en proie à tant d'ardeur,
Du crime de ses feux faisoit tout son malheur !
Mais hier je revis ce vainqueur redoutable
A peine s'honorer d'un accueil favorable.
De mon coupable amour l'art déguisant la voix,

En vain sur sa valeur je le louai cent fois ;
En vain, de mon amour flattant la violence,
Je fis parler mes yeux et ma reconnoissance :
Il soupire, Mélite ; inquiet et distrait,
Son cœur paroît frappé d'un déplaisir secret.
Sans doute il aime ailleurs ; et, loin de se contraindre...
Que dis-je ? malheureuse ! est-ce à moi de m'en plaindre ?
Esclave d'un haut rang, victime du devoir,
De mon indigne amour quel peut être l'espoir !
Ai-je donc oublié tout ce qui nous sépare ?
N'importe, détournons l'hymen qu'on me prépare ;
Je ne puis y souscrire. Allons trouver le roi :
Faisons tout pour l'amour, s'il ne fait rien pour moi.

FIN DU PREMIER ACTE.

ACTE SECOND.

SCENE PREMIERE.

TYDÉE, ANTÉNOR.

TYDÉE.

Embrasse-moi, reviens de ta surprise extrême.
Oui, mon cher Anténor, c'est Tydée; oui, lui-même;
Tu ne te trompes point.

ANTÉNOR.

Vous, seigneur, en ces lieux,
Parmi des ennemis défiants, furieux!
Au plaisir de vous voir, ciel! quel trouble succede!
Dans le palais d'Argos le fils de Palamede,
D'une pompeuse cour attirant les regards,
Et de vœux et d'honneurs comblé de toutes parts!
Je sais jusques où va la valeur de Tydée;
D'un heureux sort toujours qu'elle fut secondée;
Mais ce n'est pas ici qu'on doit la couronner.
A la cour d'un tyran...

ÉLECTRE.

TYDÉE.

Cesse de t'étonner.
Le vainqueur des deux rois de Corinthe et d'Athenes
Le guerrier défenseur d'Egisthe et de Mycenes,
N'est autre que Tydée.

ANTÉNOR.

Et quel est votre espoir !

TYDÉE.

Avant que d'éclaircir ce que tu veux savoir,
Dans ce fatal séjour dis-moi ce qui t'amene.
Que dit-on à Samos? Que fait l'heureux Tyrrhene?

ANTÉNOR.

Ce grand roi, qui chérit Oreste avec transport,
Depuis plus de six mois incertain de son sort,
Alarmé chaque jour et du sien et du vôtre,
M'envoie en ces climats vous chercher l'un et l'autre.
Mais puisque je vous vois, tous mes vœux sont comblés.
Le fils d'Agamemnon... Seigneur, vous vous troublez!
Malgré tous les honneurs qu'ici l'on vous adresse,
Vos yeux semblent voilés d'une sombre tristesse.
De tout ce que je vois mon esprit éperdu...

TYDÉE.

Anténor, c'en est fait; Tydée a tout perdu.

ANTÉNOR.

Seigneur, éclaircissez ce terrible mystere.

ACTE II, SCÈNE I.

TYDÉE.

Oreste est mort.

ANTÉNOR.

Grands dieux!

TYDÉE.

Et je n'ai plus de pere.

ANTÉNOR.

Palamede n'est plus! ah! destin rigoureux!
Et qui vous l'a ravi? par quel malheur affreux...

TYDÉE.

Tu sais ce qu'en ces lieux nous venions entreprendre;
Tu sais que Palamede, avant que de s'y rendre,
Ne voulut point tenter son retour dans Argos.
Qu'il n'eût interrogé l'oracle de Délos.
A de si justes soins on souscrivit sans peine:
Nous partîmes comblés des bienfaits de Tyrrhene;
Tout nous favorisoit; nous voguâmes long-temps
Au gré de nos desirs bien plus qu'au gré des vents.
Mais, signalant bientôt toute son inconstance,
La mer en un moment se mutine et s'élance.
L'air mugit, le jour fuit; une épaisse vapeur
Couvre d'un voile affreux les vagues en fureur;
La foudre, éclairant seule une nuit si profonde,
A sillons redoublés ouvre le ciel et l'onde,
Et, comme un tourbillon, embrassant nos vaisseaux,

ÉLECTRE.

Semble, en source de feu, bouillonner sur les eaux.
Les vagues quelquefois nous portant sur leurs cimes
Nous font rouler après sous de vastes abymes,
Où les éclairs pressés, pénétrant avec nous,
Dans des gouffres de feu sembloient nous plonger tous.
Le pilote effrayé, que la flamme environne,
Aux rochers qu'il fuyoit lui-même s'abandonne.
A travers les écueils notre vaisseau poussé
Se brise, et nage enfin sur les eaux dispersé.
Dieux! que ne fis-je point dans ce moment funeste
Pour sauver Palamede, et pour sauver Oreste?
Vains efforts! la lueur qui partoit des éclairs
Ne m'offrit que des flots de nos débris couverts;
Tout périt.

ANTÉNOR.

Eh! comment, dans ce désordre extrême,
Pûtes-vous au péril vous dérober vous-même?

TYDÉE.

Tout offroit à mes yeux l'inévitable mort;
Mais j'y courois en vain, la rigueur de mon sort
A de plus grands malheurs me réservoit encore,
Et me jeta mourant vers les murs d'Epidaure.
Itys me secourut, et de mes tristes jours,
Malgré mon désespoir, il prolongea le cours.
Juge de ma douleur, quand je sus que ma vie
Etoit le prix des soins d'une main ennemie.

ACTE II, SCENE I.

Des périls de la mer Tydée enfin remis
Une nuit alloit fuir loin de ses ennemis,
Lorsque, la même nuit, d'un vainqueur en furie
Epidaure éprouva toute la barbarie.
Figure-toi les cris, le tumulte, et l'horreur.
Dans ce trouble, soudain je m'arme avec fureur,
Incertain du parti que mon bras devoit prendre,
S'il faut presser Egisthe, ou s'il faut le défendre.
L'ennemi cependant occupoit les remparts,
Et sur nous, à grands cris, fondoit de toutes parts.
Le sort m'offrit alors l'aimable Iphianasse,
Et ma haine bientôt à d'autres soins fit place.
Ses pleurs, son désespoir, Itys près de périr,
Quels objets pour un cœur facile à s'attendrir !
Oreste ne vit plus, mais, pour la sœur d'Oreste,
Il faut de ses états conserver ce qui reste,
Me disois-je à moi-même ; et, loin de l'accabler,
Secourir le tyran qu'on devoit immoler.
Je chasserai plutôt Egisthe de Mycenes,
Que d'en chasser les rois de Corinthe et d'Athenes.
Par ce motif secret mon cœur déterminé,
Ou par des pleurs touchants bien plutôt entraîné,
Du soldat qui fuyoit ranimant le courage,
A combattre, du moins, mon exemple l'engage ;
Et le vainqueur pressé, pâlissant à son tour,
Vers son camp à grands pas médite son retour.

Que ne peut la valeur où le cœur s'intéresse !
J'en fis trop, Anténor; je revis la princesse :
C'est t'en apprendre assez; le reste t'est connu.
D'un péril si pressant Egisthe revenu
Me comble de bienfaits, me charge de poursuivre
Deux rois épouvantés, dont mon bras le délivre.
Je porte la terreur chez des peuples heureux ;
Et la paix va se faire aux dépens de mes vœux.

ANTÉNOR.

Ah! seigneur, falloit-il, à l'amour trop sensible,
Armer pour un tyran votre bras invincible?
Et que prétendez-vous d'un succès si honteux ?

TYDÉE.

Anténor, que veux-tu? prends pitié de mes feux,
Plains mon sort : non, jamais on ne fut plus à plaindre.
Il est encor pour moi des maux bien plus à craindre.
Mais apprends des malheurs qui te feront frémir,
Des malheurs dont Tydée à jamais doit gémir.
Entraîné malgré moi dans ce palais funeste,
Par un desir secret de voir la sœur d'Oreste,
Hier, avant la nuit, j'arrive dans ces lieux;
La superbe Mycene offre un temple à mes yeux :
Je cours y consulter le dieu qu'on y révere
Sur mon sort, sur celui d'Oreste et de mon pere.
Mais à peine aux autels je me fus prosterné,
Qu'à mon abord fatal tout parut consterné;

ACTE II, SCENE I.

Le temple retentit d'un funebre murmure :
Je ne suis cependant meurtrier ni parjure.
J'embrasse les autels, rempli d'un saint respect ;
Le prêtre épouvanté recule à mon aspect,
Et, sourd à mes souhaits, refuse de répondre :
Sous ses pieds et les miens tout semble se confondre ;
L'autel tremble ; le dieu se voile à nos regards,
Et de pâles éclairs s'arme de toutes parts.
L'antre ne nous répond qu'à grands coups de tonnerre,
Que le ciel en courroux fait gronder sous la terre.
Je l'avoue, Anténor, je sentis la frayeur,
Pour la premiere fois, s'emparer de mon cœur.
A tant d'horreurs enfin succede un long silence ;
Du dieu qui se voiloit j'implore l'assistance.
« Écoute-moi, grand dieu, sois sensible à mes cris ;
« D'un ami malheureux, d'un plus malheureux fils,
« Dieu puissant, m'écriai-je, exauce la priere ;
« Daigne, sur ce qu'il craint, lui prêter ta lumiere ».
Alors, parmi les pleurs et parmi les sanglots,
Une lugubre voix fit entendre ces mots :
« Cesse de me presser sur le destin d'Oreste ;
« Pour en être éclairci tu m'implores en vain :
« Jamais destin ne fut plus triste et plus funeste ;
« Redoute pour toi-même un semblable destin.
« Appaise cependant les mânes de ton pere ;
« Ton bras seul doit venger ce héros malheureux

ÉLECTRE.

« D'une main qui lui fut bien fatale et bien chere :
« Mais crains, en le vengeant, le sort le plus affreux ».
Une main qui lui fut bien fatale et bien chere!
Ma mere ne vit plus, et je n'ai point de frere.
Juste ciel! et sur qui doit tomber mon courroux?
De ces lieux cependant fuyons, arrachons-nous.
Allons trouver le roi... Mais je vois la princesse.
Ah! fuyons; mes malheurs, mon devoir, tout m'en presse.
Partons, dérobons-nous la douceur d'un adieu.

SCENE II.

IPHIANASSE, TYDÉE, MÉLITE, ANTÉNOR.

IPHIANASSE.

(à *Mélite*.)   (à *Tydée*.)
Ah, Mélite, que vois-je? On disoit qu'en ce lieu,
En ce moment, seigneur, mon pere devoit être.
Je croyois...

TYDÉE.

En effet, il y devoit paroître.
Madame, même soin nous conduisoit ici ;
Vous y cherchez le roi, je l'y cherchois aussi.
Pénétré des bienfaits qu'Égisthe me dispense,
Je venois, plein de zele et de reconnoissance,
Rendre grace à la main qui les répand sur moi

ACTE II, SCENE II.

Et, dans le même temps, prendre congé du roi.

IPHIANASSE.

Ce départ aura lieu, seigneur, de le surprendre:
Moi-même, en ce moment, j'ai peine à le comprendre.
Et pourquoi de ces lieux vous bannir aujourd'hui,
Et dépouiller l'état de son plus ferme appui?
Vous le savez; la paix n'est pas encor jurée:
La victoire, sans vous, seroit-elle assurée?

TYDÉE.

Oui, madame; et vos yeux n'ont-ils pas tout soumis?
Le roi peut-il encor craindre des ennemis?
Que ne vaincrez-vous point? quelle haine obstinée
Tiendroit contre l'espoir d'un illustre hyménée?
Du bonheur qui l'attend Téléphonte charmé,
Sur cet espoir flatteur, a déja désarmé;
Et, si j'en crois la cour, cette grande journée
Doit voir Iphianasse à son lit destinée.

IPHIANASSE.

Non, le roi de Corinthe en est en vain épris,
Si la tête d'Oreste en doit être le prix.

TYDÉE.

Quoi! la tête d'Oreste! Ah! la paix est conclue,
Madame; et de ces lieux ma fuite est résolue;
Vous n'avez plus besoin du secours de mon bras.
Ah! quel indigne prix met-on à vos appas?
Juste ciel! se peut-il qu'une loi si cruelle

Fasse de vous le prix d'une main criminelle?
Ainsi, dans sa fureur, le plus vil assassin
Pourra donc, à son gré, prétendre à votre main,
Lorsqu'avec tout l'amour qu'un doux espoir anime
Un héros ne pourroit l'obtenir sans un crime!
Ah! si, pour se flatter de plaire à vos beaux yeux,
Il suffisoit d'un bras toujours victorieux,
Peut-être à ce bonheur aurois-je pu prétendre:
Avec quelque valeur, et le cœur le plus tendre,
Quels efforts, quels travaux, quels illustres projets,
N'eût point tentés ce cœur charmé de vos attraits?

IPHIANASSE.

Seigneur!

TYDÉE.

Je le vois bien, ce discours vous offense.
Je n'ai pu vous revoir et garder le silence;
Mais je vais m'en punir par un exil affreux,
Et cacher loin de vous un amant malheureux,
Qui, trop plein d'un amour qu'Iphianasse inspire,
En dit moins qu'il ne sent, mais plus qu'il n'en doit dire.

IPHIANASSE.

J'ignore quel dessein vous a fait révéler
Un amour que l'espoir semble avoir fait parler.
Mais, seigneur, je ne puis recevoir sans colere
Ce téméraire aveu que vous osez me faire.
Songez qu'on n'ose ici se déclarer pour moi,

Sans la tête d'Oreste, ou le titre de roi;
Qu'un amant comme vous, quelque feu qui l'inspire,
Doit soupirer, du moins, sans oser me le dire.

SCENE III.

TYDÉE, ANTÉNOR.

TYDÉE.

Qu'ai-je dit? où laissé-je égarer mes esprits?
Moi parler, pour me voir accabler de mépris!
Les ai-je mérités, cruelle Iphianasse?
Mais quel étoit l'espoir de ma coupable audace?
Que venois-je chercher dans ce cruel séjour?
Moi, dans la cour d'Argos entraîné par l'amour!
Rappelons ma fureur. Oreste, Palamede...
Ah! contre tant d'amour inutile remede!
Que servent ces grands noms dans l'état où je suis,
Qu'à me couvrir de honte et m'accabler d'ennuis?
Ah! fuyons, Anténor; et, loin d'une cruelle,
Courons où mon devoir, où l'oracle m'appelle.
Ne laissons point jouir de tout mon désespoir
Des yeux indifférents que je ne dois plus voir.

SCENE IV.

ÉGISTHE, TYDÉE, ANTÉNOR.

TYDÉE.

Le roi vient; dans mon trouble il faut que je l'évite.
ÉGISTHE, *à Tydée.*
Demeurez, et souffrez qu'envers vous je m'acquitte.
Ainsi que le héros brille par ses exploits,
La grandeur des bienfaits doit signaler les rois.
Tout parle du guerrier qui prit notre défense;
Mais rien ne parle encor de ma reconnoissance.
Il est temps cependant que mes heureux sujets,
Témoins de sa valeur, le soient de mes bienfaits.
Que pourriez-vous penser? et que diroit la Grece?
Mais quoi! vous soupirez! quelle douleur vous presse?
Malgré tous vos efforts, elle éclate, seigneur;
Un déplaisir secret trouble votre grand cœur:
Même ici mon abord a paru vous surprendre.
Avez-vous des secrets que je ne puisse apprendre?
TYDÉE.
De tels secrets, seigneur, sont peu dignes de vous;
Je crains peu qu'un grand roi puisse en être jaloux,
Permettez cependant qu'à mon devoir fidele
Je retourne en des lieux où ce devoir m'appelle.

J'ai fait peu pour Égisthe; et de quelque succès
Sa bonté chaque jour s'acquitte avec excès.
S'il est vrai que mon bras eut part à la victoire,
Il suffit à mon cœur d'en partager la gloire.
Ne m'arrêtez donc plus sur l'espoir des bienfaits;
Les vôtres n'ont-ils pas surpassé mes souhaits?
J'en suis comblé, seigneur; mon ame est satisfaite;
Je ne demande plus qu'une libre retraite.

ÉGISTHE.

Un intérêt trop cher s'oppose à ce départ;
Argos perdroit en vous son plus ferme rempart.
Des héros tels que vous, sitôt qu'on les possede,
Sont pour les plus grands rois d'un prix à qui tout cede.
Heureux, si je pouvois par les plus forts liens
Attacher pour jamais vos intérêts aux miens!
Je vous dois le salut de toute ma famille,
Et ne veux point sans vous disposer de ma fille.

TYDÉE, *à part.*

Ciel! où tend ce discours?

ÉGISTHE.

Oui, seigneur, c'est en vain
Qu'avec la paix un roi me demande sa main:
Quelque éclatant que soit un pareil hyménée,
Au sort d'un autre époux ma fille est destinée.
Sûr de vaincre avec vous, je crains peu désormais
Tout le péril que suit le refus de la paix.

ÉLECTRE.

Il ne tient plus qu'à vous d'affermir ma puissance.
J'ai besoin d'une main qui serve ma vengeance,
Et qui fasse tomber dans l'éternelle nuit
L'ennemi déclaré que ma haine poursuit,
Qui me poursuit moi-même, et que mon cœur déteste.
Point d'hymen, quel qu'il soit, sans la tête d'Oreste.
Ma fille est à ce prix; et cet effort si grand,
Ce n'est que de vous seul que ma haine l'attend.

TYDÉE.

De moi, seigneur? de moi! juste ciel!

ÉGISTHE.

De vous-même.
Calmez de ce transport la violence extrême.
Quelle horreur vous inspire un si juste dessein?
Je demande un vengeur, et non un assassin.
Lorsque, pour détourner ma mort qu'il a jurée,
J'exige tout le sang du petit-fils d'Atrée,
Je n'ai point prétendu, seigneur, que votre bras
Le fît couler ailleurs qu'au milieu des combats.
Oreste voit par-tout voler sa renommée;
La Grece en est remplie, et l'Asie alarmée;
Ses exploits seuls devroient vous en rendre jaloux;
C'est le seul ennemi qui soit digne de vous.
Courez donc l'immoler; c'est la seule victoire,
Parmi tant de lauriers, qui manque à votre gloire.
Dites un mot, seigneur, soldats et matelots

ACTE II, SCENE IV.

Seront prêts, avec vous, à traverser les flots.
Si ma fille est un bien qui vous paroisse digne
De porter votre cœur à cet effort insigne,
Pour vous associer à ce rang glorieux
Je ne consulte point quels furent vos aïeux :
Lorsqu'on a les vertus que vous faites paroître,
On est du sang des dieux, ou digne au moins d'en être.
Quoi qu'il en soit, seigneur, pour servir mon courroux
Je ne veux qu'un héros, et je le trouve en vous.
Me serois-je flatté d'une vaine espérance
Quand j'ai fondé sur vous l'espoir de ma vengeance?
Vous ne répondez point. Ah! qu'est-ce que je voi?

TYDÉE.

La juste horreur du coup qu'on exige de moi.
Mais il faut aujourd'hui, par plus de confiance,
Payer de votre cœur l'affreuse confidence.
Votre fille, seigneur, est d'un prix, à mes yeux,
Au-dessus des mortels, digne même des dieux.
Je vous dirai bien plus : j'adore Iphianasse;
Tout mon respect n'a pu surmonter mon audace :
Je l'aime avec transport; mon trop sensible cœur
Peut à peine suffire à cette vive ardeur :
Mais quand, avec l'espoir d'obtenir ce que j'aime,
L'univers m'offriroit la puissance suprême,
Contre votre ennemi bien loin d'armer mon bras,
Je ne sais point quel sang je ne répandrois pas.

Revenez d'une erreur à tous les deux funeste.
Qui? moi! grands dieux! qui? moi! vous immoler Oreste!
Ah! quand vous le croyez seul digne de mes coups,
Savez-vous qui je suis? et me connoissez-vous?
Quand même ma vertu n'auroit pu l'en défendre,
N'eût-il pas eu pour lui l'amitié la plus tendre?
Ah! plût aux dieux cruels, jaloux de ce héros,
Aux dépens de mes jours, l'avoir sauvé des flots!
Mais, hélas! c'en est fait: Oreste et Palamede...

ÉGISTHE.

Ils sont morts? Quelle joie à mes craintes succede!
Grands dieux, qui me rendez le plus heureux des rois,
Qui pourra m'acquitter de ce que je vous dois?
Mon ennemi n'est plus! ce que je viens d'entendre
Est-il bien vrai, seigneur? daignez au moins m'apprendre
Comment le juste ciel a terminé son sort,
En quels lieux, quels témoins vous avez de sa mort.

TYDÉE.

Mes pleurs. Mais, au transport dont votre ame est éprise,
Je me repens déja de vous l'avoir apprise.
Vous voulez de son sort en vain vous éclaircir;
Il me fait trop d'horreur, à vous trop de plaisir:
Je ne ressens que trop sa perte déplorable,
Sans m'imposer encore un récit qui m'accable.

ÉGISTHE.

Je ne vous presse plus, seigneur, sur ce récit:

ACTE II, SCENE IV.

Oreste ne vit plus; son trépas me suffit.
Votre pitié pour lui n'a rien dont je m'offense;
Et quand le ciel sans vous a rempli ma vengeance,
Puisque c'est vous du moins qui me l'avez appris,
Je crois vous en devoir toujours le même prix.
Je vous l'offre, acceptez-le; aimons-nous l'un et l'autre :
Vous fîtes mon bonheur; je veux faire le vôtre.
Sur le trône d'Argos désormais affermi,
Qu'Égisthe en vous, seigneur, trouve un gendre, un ami.
Si sur ce choix votre ame est encore incertaine,
Je vous laisse y penser, et je cours chez la reine.

SCENE V.

TYDÉE, ANTÉNOR.

TYDÉE.

Et moi, de toutes parts, de remords combattu,
Je vais sur mon amour consulter ma vertu.

FIN DU SECOND ACTE.

ACTE TROISIEME.

SCENE PREMIERE.

TYDÉE.

Électre veut me voir! Ah! mon ame éperdue
Ne soutiendra jamais ni ses pleurs, ni sa vue.
Trop infidele ami du fils d'Agamemnon,
Oserai-je en ces lieux lui déclarer mon nom;
Lui dire que je suis le fils de Palamede;
Qu'aux devoirs les plus saints un lâche amour succede;
Qu'Oreste me fut cher; que, de tant d'amitié,
L'amour me laisse à peine un reste de pitié;
Que, loin de secourir une triste victime,
J'abandonne sa sœur au tyran qui l'opprime;
Que cette même main, qui dut trancher ses jours,
Par un coupable effort en prolonge le cours;
Et que, prête à former des nœuds illégitimes,
Peut-être cette main va combler tous mes crimes;
Qu'elle n'a désormais qu'à répandre en ces lieux

Le reste infortuné d'un sang si précieux?
Mais seroit-ce trahir les mânes de son frere
Que de vouloir d'Électre adoucir la misere?
D'Iphianasse enfin si je deviens l'époux,
Je puis, dans ses malheurs, lui faire un sort plus doux.
D'ailleurs un roi puissant m'offre son alliance;
Je n'ai, pour l'obtenir, dignité ni naissance.
Que me sert ma valeur, étant ce que je suis,
Si ce n'est pour jouir d'un sort...? Lâche, poursuis.
Je ne m'étonne plus si les dieux te punissent,
A ton fatal aspect si les autels frémissent.
Ah! cesse sur l'amour d'excuser le devoir:
Pour être vertueux on n'a qu'à le vouloir.
D'Électre, en ce moment, foible cœur, cours l'apprendre.
Qu'attends-tu? que l'amour vienne encor te surprendre?
Qu'un feu...

SCENE II.

ÉLECTRE, TYDÉE.

TYDÉE, *à lui-même.*

Mais quel objet se présente à mes yeux?
Dieux! quels tristes accents font retentir ces lieux!
C'est une esclave en pleurs; hélas! qu'elle a de charmes!
Que mon ame en secret s'attendrit à ses larmes!

Que je me sens touché de ses gémissements!
Ah! que les malheureux éprouvent de tourments!
   ÉLECTRE, *à part.*
Dieux puissants, qui l'avez si long-temps poursuivie
Épargnez-vous encore une mourante vie?
Je ne le verrai plus, inexorables dieux!
D'une éternelle nuit couvrez mes tristes yeux.
   TYDÉE, *à Électre.*
Je sens qu'à votre sort la pitié m'intéresse :
Ne pourrai-je savoir quelle douleur vous presse?
   ÉLECTRE.
Hélas! qui ne connoît mon nom et mes malheurs?
Et qui peut ignorer le sujet de mes pleurs?
Un désespoir affreux est tout ce qui me reste.
O déplorable sang! ô malheureux Oreste!
   TYDÉE.
Ah! juste ciel! quel nom avez-vous prononcé!
A vos pleurs, à ce nom, que mon cœur est pressé!
Qu'il porte à ma pitié de sensibles atteintes!
Ah! je vous reconnois à de si tendres plaintes.
Malheureuse princesse, est-ce vous que je vois?
Électre, en quel état vous offrez-vous à moi!
   ÉLECTRE.
Et qui donc s'attendrit pour une infortunée,
A la fureur d'Égisthe, aux fers abandonnée?
Mais Oreste, seigneur, vous étoit-il connu?

ACTE III, SCENE II.

A mes pleurs, à son nom, votre cœur s'est ému.

TYDÉE.

Dieux! s'il m'étoit connu! mais dois-je vous l'apprendre,
Après avoir trahi l'amitié la plus tendre?
Dieux! s'il m'étoit connu, ce prince généreux!
Ah! madame, c'est moi qui de son sort affreux
Viens de répandre ici la funeste nouvelle.

ÉLECTRE.

Il est donc vrai, seigneur? et la Parque cruelle
M'a ravi de mes vœux et l'espoir et le prix?
Mais quel étonnement vient frapper mes esprits!
Vous, qui montrez un cœur à mes pleurs si sensible,
N'êtes-vous pas, seigneur, ce guerrier invincible,
D'un tyran odieux trop zélé défenseur?
Qui peut donc pour Électre attendrir votre cœur?
Pouvez-vous bien encor plaindre ma destinée,
Tout rempli de l'espoir d'un fatal hyménée?

TYDÉE.

Eh! que diriez-vous donc, si mon indigne cœur
De ses coupables feux vous découvroit l'horreur?
De quel œil verriez-vous l'ardeur qui me possede,
Si vous voyiez en moi le fils de Palamede?

ÉLECTRE.

De Palamede? vous? qu'ai-je entendu, grands dieux!
Mais vous ne l'êtes point; Tydée est vertueux:
Il n'eût point fait rougir les mânes de son pere;

Il n'auroit point trahi l'amitié de mon frere,
Ma vengeance, mes pleurs, ni le sang dont il sort.
Si vous étiez Tydée, Égisthe seroit mort.
Bien loin de consentir à l'hymen de sa fille,
Il eût de ce tyran immolé la famille.
De Tydée, il est vrai, vous avez la valeur;
Mais vous n'en avez pas la vertu ni le cœur.

TYDÉE.

A mes remords du moins faites grace, madame.
Il est vrai, j'ai brûlé d'une coupable flamme:
Il n'est point de devoirs plus sacrés que les miens;
Mais l'amour connoît-il d'autres droits que les siens?
Ne me reprochez point le feu qui me dévore,
Ni tout ce que mon bras a fait dans Épidaure:
J'ai dû tout immoler à votre inimitié.
Mais que ne peut l'amour? que ne peut l'amitié?
Itys alloit périr; je lui devois la vie:
Sa mort bientôt d'une autre auroit été suivie;
L'amour et la pitié confondirent mes coups;
Tydée en ce moment crut combattre pour vous.
D'ailleurs, à la fureur de Corinthe et d'Athenes
Pouvois-je abandonner le trône de Mycenes?

ÉLECTRE.

Juste ciel! et pour qui l'avez-vous conservé?
Cruel! si c'est pour moi que vous l'avez sauvé,
Venez donc de ce pas immoler un barbare;

Il n'est point de forfaits que ce coup ne répare.
Oreste ne vit plus; achevez aujourd'hui
Tout ce qu'il auroit fait pour sa sœur et pour lui.
A l'aspect de mes fers êtes-vous sans colere?
Est-ce ainsi que vos soins me rappellent mon frere?
Ne m'offrirez-vous plus pour essuyer mes pleurs
Que la main qui combat pour mes persécuteurs?
Cessez de m'opposer une funeste flamme:
Si je vous laissois voir jusqu'au fond de mon ame,
Votre cœur excité par l'exemple du mien
Détesteroit bientôt un indigne lien;
D'un cœur, que malgré lui l'amour a pu séduire,
Il apprendroit du moins comme un grand cœur soupire.
Vous y verriez l'amour, esclave du devoir,
Languir parmi les pleurs, sans force et sans pouvoir.
Occupé, comme moi, d'un soin plus légitime,
Faites-vous des vertus de votre propre crime.
Du sort qui me poursuit pour détourner les coups,
Non, je n'ai plus ici d'autre frere que vous.
Mon frere est mort: c'est vous qui devez me le rendre,
Vous qu'un serment affreux engage à me défendre.
Ah cruel! cette main, si vous m'abandonnez,
Va trancher à vos yeux mes jours infortunés.

TYDÉE.

Moi, vous abandonner! ah! quelle ame endurcie
Par des pleurs si touchants ne seroit adoucie!

ÉLECTRE.

Moi, vous abandonner! plutôt mourir cent fois :
Jugez mieux d'un ami dont Oreste fit choix.
Je conçois, quand je vois les yeux de ma princesse,
Jusqu'où peut d'un amant s'étendre la foiblesse;
Mais quand je vois vos pleurs, je conçois encor mieux
Ce que peut le devoir sur un cœur vertueux.
Pourvu que votre haine épargne Iphianasse,
Il n'est rien que pour vous ne tente mon audace.
Je ne sais, mais je sens qu'à l'aspect de ces lieux
Égisthe à chaque instant me devient odieux.

ÉLECTRE.

A l'ardeur dont enfin ma haine est secondée,
A ce noble transport, je reconnois Tydée.
Malgré tous mes malheurs, que ce moment m'est doux!
Je pourrai donc venger... Mais quelqu'un vient à nous;
Il faut que je vous quitte, on pourroit nous surprendre.
En secret chez Arcas, seigneur, daignez vous rendre :
Seul espoir que le ciel m'ait laissé dans mes maux,
Courez, en me vengeant, signaler un héros,
Pour peu qu'à ma douleur votre cœur s'intéresse.

SCENE III.

TYDÉE.

Mais qui venoit à nous?

SCENE IV.

TYDÉE, IPHIANASSE, MÉLITE.

TYDÉE, *à lui-même.*

Ah dieux! c'est la princesse.
Quel dessein en ce lieu peut conduire ses pas?
Dans le trouble où je suis, que lui dirai-je? hélas!
Que je crains les transports où mon ame s'égare!

IPHIANASSE.

Quel trouble à mon aspect de votre cœur s'empare?
Vous ne répondez point, seigneur; je le vois bien,
J'ai troublé la douceur d'un secret entretien :
Électre, comme vous, s'offensera peut-être
Qu'ici sans son aveu quelqu'un ose paroître :
Elle semble à regret s'éloigner de ces lieux;
La douleur qu'elle éprouve est peinte dans vos yeux :
Interdit et confus... Quel est donc ce mystere?

TYDÉE.

Madame, vous savez qu'elle a perdu son frere,
Que c'est moi seul qui viens d'en informer le roi.
Électre a souhaité s'en instruire par moi;
Mon cœur, toujours sensible au sort des misérables,
N'a pu, sans s'attendrir à ses maux déplorables,
Après le coup affreux qui vient de la frapper...

ÉLECTRE.

IPHIANASSE.

N'est-il que sa douleur qui vous doive occuper?
Ce n'est pas que mon cœur veuille vous faire un crime
D'un soin que ses malheurs rendent si légitime;
Mais, seigneur, je ne sais si ce soin généreux
A dû seul vous toucher, quand tout flatte vos vœux.

TYDÉE.

Non, des bontés du roi mon ame enorgueillie
Ne se méconnoît point, quand lui-même il s'oublie :
S'il descend jusqu'à moi pour le choix d'un époux,
Mon respect me défend l'espoir d'un bien si doux;
Et telle est de mon sort la rigueur infinie,
Que, lorsqu'à mon destin vous devez être unie,
Votre rang, ma naissance, un barbare devoir,
Tout défend à mon cœur un si charmant espoir.

IPHIANASSE.

Je comprends la rigueur d'un devoir si barbare,
Et conçois mieux que vous tout ce qui nous sépare :
Plus que vous ne voulez j'entrevois vos raisons.
Si ma fierté pouvoit descendre à des soupçons...
Mais non, sur votre amour que rien ne vous contraigne;
Je ne vois rien en lui que mon cœur ne dédaigne.
Cependant à mes yeux, fier de cet attentat,
Gardez-vous pour jamais de montrer un ingrat.

SCENE V.

TYDÉE.

Qu'ai-je fait, malheureux! pourrai-je survivre!
Mais, quoi! l'abandonner! non, non, il faut la suivre.
Allons. Qui peut encor m'arrêter en ces lieux?
Courons où mon amour...

CENE VI.

PALAMEDE, TYDÉE.

TYDÉE.

Que vois-je? justes dieux!
O sort, à tes rigueurs quelle douceur succede!
O mon pere, est-ce vous? est-ce vous, Palamede?

PALAMEDE.

Embrassez-moi, mon fils; après tant de malheurs,
Qu'il m'est doux de revoir l'objet de tant de pleurs!

TYDÉE.

S'il est vrai que les biens qui nous coûtent des larmes
Doivent pour un cœur tendre avoir le plus de charmes,
Hélas! après les pleurs que j'ai versés pour vous,
Que cet heureux instant me doit être bien doux!

ÉLECTRE.

Ah, seigneur! qui m'eût dit qu'au moment qu'un oracle
Sembloit mettre à mes vœux un éternel obstacle,
Palamede à mes yeux s'offriroit aujourd'hui,
Malgré le sort affreux dont j'ai tremblé pour lui?
Est-ce ainsi que des dieux la suprême sagesse
Doit braver des mortels la crédule foiblesse?
Mais puisqu'enfin ici j'ai pu vous retrouver,
Je vois bien que le ciel ne veut que m'éprouver;
Qu'avec vous sa bonté va désormais me rendre
Un ami qu'avec vous je n'osois plus attendre.
Mais vous versez des pleurs! Ah! n'est-ce que pour lui
Que les dieux sans détours s'expliquent aujourd'hui?

PALAMEDE.

N'accusons point des dieux la sagesse suprême;
Croyez, mon fils, croyez qu'elle est toujours la même:
Gardons-nous de vouloir, foibles et curieux,
Pénétrer des secrets qu'ils voilent à nos yeux:
Ils ont du moins parlé sans détour sur Oreste;
Un triste souvenir est tout ce qui m'en reste.
J'ai vu ses yeux couverts des horreurs du trépas;
Je l'ai tenu long-temps mourant entre mes bras.
Sa perte de la mienne alloit être suivie
Si l'intérêt d'un fils n'eût conservé ma vie,
Si j'eusse, dans l'horreur d'un transport furieux,
Soupçonné, comme vous, la sagesse des dieux.
Conduit par elle seule au sein de la Phocide,

ACTE III, SCENE VI.

Cette même sagesse auprès de vous me guide;
Trop heureux désormais si le sort moins jaloux
M'eût rendu tout entier mon espoir le plus doux!
Mais, hélas! que le ciel, qui vers vous me renvoie,
Mêle dans ce moment d'amertume à ma joie!
D'un fils que j'admirois que mon fils est changé!
Tydée, Oreste est mort: Oreste est-il vengé?
Depuis quel temps, si près de l'objet de ma haine,
Arrêtez-vous vos pas à la cour de Mycene?
Arcas ne m'a point dit que vous fussiez ici;
Mon fils, d'où vient qu'Arcas n'en est point éclairci?
Pourquoi ne le point voir? vous connoissez son zele;
Deviez-vous vous cacher à cet ami fidele?
Parlez enfin, quel soin vous retient en des lieux
Où vous n'osez punir un tyran odieux?

TYDÉE.

Prévenu des malheurs d'une tête si chere,
Ma premiere vengeance étoit due à mon pere.
Mais, seigneur, n'est-ce point dans ces funestes lieux
Trop exposer des jours qu'ont respectés les dieux?
N'est-ce point trop compter sur une longue absence
Que d'oser s'y montrer avec tant d'assurance?

PALAMEDE.

Mon fils, j'ai tout prévu; calmez ce vain effroi;
C'est à mes ennemis à trembler, non à moi.
Eh! comment en ces lieux craindrois-je de paroître,

Moi que d'abord Arcas a paru méconnoître,
Moi que devance ici le bruit de mon trépas,
Moi dont enfin le ciel semble guider les pas?
D'ailleurs, un sang si cher m'appelle à sa défense
Que tout cede en mon cœur au soin de sa vengeance.
La sœur d'Oreste, en proie à ses persécuteurs,
Doit ce jour éprouver le comble des horreurs.
Je viens, contre un tyran prêt à tout entreprendre,
Reconnoître les lieux où je veux le surprendre.
Puisqu'il faut l'immoler ou périr cette nuit,
Qu'importe à mes desseins le péril qui me suit?
Mon fils, si même ardeur eût guidé votre audace,
Vous n'auriez pas pour moi ce souci qui vous glace.
Comment dois-je expliquer vos regards interdits?
Je ne trouve par-tout que des cœurs attiédis,
Que des amis troublés, sans force et sans courage,
Accoutumés au joug d'un honteux esclavage.
Par ma présence en vain j'ai cru les rassembler;
Un guerrier les retient et les fait tous trembler :
Mais moi, seul au-dessus d'une crainte si vaine,
Je prétends immoler ce guerrier à ma haine;
C'est par là que je veux signaler mon retour.
Un défenseur d'Égisthe est indigne du jour.
Parlez, connoissez-vous ce guerrier redoutable,
Pour le tyran d'Argos rempart impénétrable?
Pourquoi sous vos efforts n'a-t-il pas succombé?

Parlez, mon fils; qui peut vous l'avoir dérobé?
Votre haute valeur, désormais ralentie,
Pour lui seul aujourd'hui s'est-elle démentie?
Vous rougissez, Tydée! Ah! quel est mon effroi!
Je vous l'ordonne enfin, parlez, répondez-moi.
D'un désordre si grand que faut-il que je pense?

TYDÉE.

Ne pénétrez-vous point un si triste silence?

PALAMEDE.

Qu'entends-je! quel soupçon vient s'offrir à mon cœur!
Quoi! mon fils!... Dieux puissants! laissez-moi mon erreur.
Ah, Tydée! est-ce vous qui prenez la défense
De l'indigne ennemi que poursuit ma vengeance?
Puis-je croire qu'un fils ait prolongé les jours
Du cruel qui des miens cherche à trancher le cours?
Falloit-il vous revoir pour vous voir si coupable!

TYDÉE.

N'irritez point, seigneur, la douleur qui m'accable:
Votre vertu, toujours constante en ses projets,
Ne fait que redoubler l'horreur de mes forfaits.
Il suffit qu'à vos yeux la honte m'en punisse;
Ne m'en souhaitez pas un plus cruel supplice.
D'un malheureux amour ayez pitié, seigneur;
Le ciel, qui m'en punit avec tant de rigueur,
Sait les tourments affreux où mon ame est en proie;
Mais vainement sur moi son courroux se déploie;

Je sens que les remords d'un cœur né vertueux
Souvent pour le punir vont plus loin que les dieux.
####### PALAMEDE.
Qu'importe à mes desseins le remords qui l'agite?
Croyez-vous qu'envers moi le remords vous acquitte?
Perfide, il est donc vrai? je n'en puis plus douter,
Ni de votre innocence un moment me flatter.
Quoi! pour le sang d'Égisthe, aux yeux de Palamede,
Tydée ose avouer l'amour qui le possede!
S'il vous rend, malgré moi, criminel aujourd'hui,
Cette main vous rendra vertueux malgré lui :
Fils ingrat, c'est du sang de votre indigne amante
Qu'à vos yeux trop charmés je veux l'offrir fumante.
####### TYDÉE.
Il faudra donc, avant que de verser le sien,
Commencer aujourd'hui par répandre le mien.
Puisqu'à votre courroux il faut une victime,
Frappez, seigneur, frappez : voilà l'auteur du crime.
####### PALAMEDE.
Juste ciel! se peut-il qu'à l'aspect de ces lieux,
Fumants encor d'un sang pour lui si précieux,
Dans le fond de son cœur la voix de la nature
N'excite en ce moment ni trouble ni murmure?
####### TYDÉE.
Et que m'importe à moi le sang d'Agamemnon?
Quel intérêt si saint m'attache à ce grand nom

Pour lui sacrifier les transports de mon ame
Et le prix glorieux qu'on propose à ma flamme?
Et pourquoi votre fils lui doit-il immoler...?

PALAMEDE.

Si je disois un mot, je vous ferois trembler.
Vous n'êtes point mon fils, ni digne encor de l'être;
Par d'autres sentiments vous le feriez connoître.
Mon fils infortuné, soumis, respectueux,
N'offroit à mon amour qu'un héros vertueux.
Il n'auroit point brûlé pour le sang de Thyeste;
Un si coupable amour n'est digne que d'Oreste.
Mon fils de son devoir eût été plus jaloux.

TYDÉE.

Et quel est donc, seigneur, cet Oreste?

PALAMEDE.

C'est vous.

ORESTE.

Oreste, moi, seigneur! Dieux! qu'entends-je?

PALAMEDE.

Oui, vous-même,
Qui ne devez vos jours qu'à ma tendresse extrême.
Le traître dont ici vous protégez le sang
Auroit sans moi du vôtre épuisé votre flanc.
Ingrat, si désormais ma foi vous paroît vaine,
Retournez à Samos interroger Tyrrhene.
Instruit de votre sort, sa constante amitié

A secondé pour vous mes soins et ma pitié :
Il sait, pour conserver une si chere vie
Par le tyran d'Argos sans cesse poursuivie,
Que, sous le nom d'Oreste, à des traits ennemis
J'offris sans balancer la tête de mon fils.
C'est sous un nom si grand que, de vengeance avide,
Il venoit en ces lieux punir un parricide.
Je l'ai vu, ce cher fils, triste objet de mes vœux,
Mourir entre les bras d'un pere malheureux.
J'ai perdu pour vous seul cette unique espérance ;
Il est mort : j'en attends la même récompense.
Sacrifiez ma vie au tyran odieux
A qui vous immolez des noms plus précieux :
Qu'à votre lâche amour tout autre intérêt cede ;
Il ne vous reste plus qu'à livrer Palamede :
Il vivoit pour vous seul, il seroit mort pour vous ;
C'en est assez, cruel, pour exciter vos coups.

ORESTE.

Poursuivez, ce transport n'est que trop légitime ;
Égalez, s'il se peut, le reproche à mon crime :
Accablez-en, seigneur, un amour odieux,
Trop digne du courroux des hommes et des dieux.
Qui ? moi ! j'ai pu brûler pour le sang de Thyeste !
A quels forfaits, grands dieux ! réservez-vous Oreste ?
Ah ! seigneur, je frémis d'une secrete horreur ;
Je ne sais quelle voix crie au fond de mon cœur.

Hélas! malgré l'amour qui cherche à le surprendre,
Mon pere mieux que vous a su s'y faire entendre.
Courons, pour appaiser son ombre et mes remords,
Dans le sang d'un barbare éteindre mes transports.
Honteux de voir encor le jour qui nous éclaire,
Je m'abandonne à vous; parlez, que faut-il faire?

PALAMEDE.

Arracher votre sœur à mille indignités;
Appaiser d'un grand roi les mânes irrités,
Les venger des fureurs d'une barbare mere;
Venir sur son tombeau jurer à votre pere
D'immoler son bourreau, d'expier aujourd'hui
Tout ce que votre bras osa tenter pour lui;
Rassurer votre sœur, mais lui cacher son frere
(Ses craintes, ses transports trahiroient ce mystere);
Vous offrir à ses yeux sous le nom de mon fils;
Sous le vôtre, seigneur, assembler nos amis:
Que vous dirai-je enfin? contre un amour funeste
Reprendre, avec le nom, des soins dignes d'Oreste.

ORESTE.

Ne craignez point qu'Oreste, indigne de ce nom,
Démente la fierté du sang d'Agamemnon.
Venez, si vous doutez qu'il méritât d'en être,
Voir couler tout le mien pour le mieux reconnoître

FIN DU TROISIEME ACTE.

ACTE QUATRIEME.

SCENE PREMIERE.

ÉLECTRE.

Ou laissé-je égarer mes vœux et mes esprits!
Juste ciel! qu'ai-je vu? mais, hélas! qu'ai-je appris?
Oreste ne vit plus; tout veut que je le croie,
Le trouble de mon cœur, les pleurs où je me noie.
Il est mort: cependant, si j'en crois à mes yeux,
Oreste vit encore, Oreste est en ces lieux.
Ma douleur m'entraînoit au tombeau de mon pere
Pleurer auprès de lui mes malheurs et mon frere:
Qu'ai-je vu? quel spectacle à mes yeux s'est offert?
Son tombeau, de présents et de larmes couvert;
Un fer, signe certain qu'une main se prépare
A venger ce grand roi des fureurs d'un barbare.
Quelle main s'arme encor contre ses ennemis?
Qui jure ainsi leur mort, si ce n'est pas son fils?
Ah! je le reconnois à sa noble colere;

ACTE IV, SCENE I.

Et c'est du moins ainsi qu'auroit juré mon frere.
Quelque ardent qu'il paroisse à venger nos malheurs,
Tydée eût-il couvert ce tombeau de ses pleurs?
Ce ne sont point non plus les pleurs d'une adultere
Qui ne veut qu'insulter aux mânes de mon pere :
Ce n'est que pour braver son époux et les dieux
Qu'elle éleve à sa cendre un tombeau dans ces lieux.
Non, elle n'a dressé ce monument si triste
Que pour mieux signaler son amour pour Égisthe,
Pour lui rendre plus chers son crime et ses fureurs,
Et pour mettre le comble à mes vives douleurs.
Qu'ils tremblent cependant, ces meurtriers impies,
Qu'il semble que déja poursuivent les Furies!
J'ai vu le fer vengeur, Égisthe va périr;
Mon frere ne revient que pour me secourir.
Flatteuse illusion à qui l'effroi succede,
Puis-je encor soupçonner le fils de Palamede?
Un témoin si sacré peut-il m'être suspect?
On vient : c'est lui; mon cœur s'émeut à son aspect.
Mon frere... Quel transport s'empare de mon ame!

ÉLECTRE.

SCENE II.

ÉLECTRE, ORESTE.

ÉLECTRE, *à part.*

Mais, hélas! il est seul.

ORESTE.

Je vous cherche, madame.
Tout semble désormais servir votre courroux;
Votre indigne ennemi va tomber sous nos coups.
Savez-vous quel héros vient à votre défense,
Quelle main avec nous frappe d'intelligence?
Le ciel à vos amis vient de joindre un vengeur
Que nous n'attendions plus.

ÉLECTRE.

Et quel est-il, seigneur?
Que dis-je! puis-je encor méconnoître mon frere?
N'en doutons plus, c'est lui.

ORESTE.

Madame, c'est mon pere.

ÉLECTRE.

Votre pere, seigneur! et d'où vient qu'aujourd'hui
Oreste à mon secours ne vient point avec lui?
Peut-il abandonner une triste princesse?
Est-ce ainsi qu'à me voir son amitié s'empresse?

ORESTE.

Vous le savez, Oreste a vu les sombres bords;
Et l'on ne revient point de l'empire des morts.

ÉLECTRE.

Et n'avez-vous pas cru, seigneur, qu'avec Oreste
Palamede avoit vu cet empire funeste?
Il revoit cependant la clarté qui nous luit:
Mon frere est-il le seul que le destin poursuit?
Vous-même, sans espoir de revoir le rivage,
Ne trouvâtes-vous pas un port dans le naufrage?
Oreste, comme vous, peut en être échappé.
Il n'est point mort, seigneur; vous vous êtes trompé:
J'ai vu dans ce palais une marque assurée
Que ces lieux ont revu le petit-fils d'Atrée,
Le tombeau de mon pere encor mouillé de pleurs:
Qui les auroit versés? qui l'eût couvert de fleurs?
Qui l'eût orné d'un fer? quel autre que mon frere
L'eût osé consacrer aux mânes de mon pere?
Mais quoi! vous vous troublez! Ah! mon frere est ici.
Hélas! qui mieux que vous en doit être éclairci?
Ne me le cachez point, Oreste vit encore.
Pourquoi me fuir? pourquoi vouloir que je l'ignore?
J'aime Oreste, seigneur; un malheureux amour
N'a pu de mon esprit le bannir un seul jour;
Rien n'égale l'ardeur qui pour lui m'intéresse,
Si vous saviez pour lui jusqu'où va ma tendresse,

Votre cœur frémiroit de l'état où je suis,
Et vous termineriez mon trouble et mes ennuis.
Hélas! depuis vingt ans que j'ai perdu mon pere,
N'ai-je donc pas assez éprouvé de misere?
Esclave dans les lieux d'où le plus grand des rois
A l'univers entier sembloit donner des lois,
Qu'a fait aux dieux cruels sa malheureuse fille?
Quel crime contre Électre arme enfin sa famille?
Une mere en fureur la hait et la poursuit;
Ou son frere n'est plus, ou le cruel la fuit.
Ah! donnez-moi la mort, ou me rendez Oreste;
Rendez-moi par pitié le seul bien qui me reste.

ORESTE.

Eh bien! il vit encore, il est même en ces lieux;
Gardez-vous cependant...

ÉLECTRE.

Qu'il paroisse à mes yeux.
Oreste, se peut-il qu'Électre te revoie?
Montrez-le moi, dussé-je en expirer de joie.
Mais, hélas! n'est-ce point lui-même que je voi?
C'est Oreste, c'est lui, c'est mon frere et mon roi.
Aux transports qu'en mon cœur son aspect a fait naître,
Eh! comment si long-temps l'ai-je pu méconnoître?
Je vous revois enfin, cher objet de mes vœux!
Moments tant souhaités! ô jour trois fois heureux!
Vous vous attendrissez, je vois couler vos larmes.

Ah! seigneur, que ces pleurs pour Électre ont de charmes!
Que ces traits, ces regards, pour elle ont de douceur!
C'est donc vous que j'embrasse, ô mon frere!

ORESTE.

Ah, ma sœur!
Mon amitié trahit un important mystere;
Mais, hélas! que ne peut Électre sur son frere?

ÉLECTRE.

Est-ce de moi, cruel, qu'il faut vous défier,
D'une sœur qui voudroit tout vous sacrifier?
Et quelle autre amitié fut jamais si parfaite?

ORESTE.

Je n'ai craint que l'ardeur d'une joie indiscrete.
Dissimulez des soins, quoique pour moi si doux;
Ma sœur, à me cacher j'ai plus souffert que vous:
D'ailleurs, jusqu'à ce jour je m'ignorois moi-même.
Palamede, pour moi rempli d'un zele extrême,
Pour conserver des jours à sa garde commis,
M'élevoit à Samos sous le nom de son fils.
Le sien est mort, ma sœur; la colere céleste
A fait périr l'ami le plus chéri d'Oreste;
Et peut-être sans vous, moins sensible à vos maux,
Envîrois-je le sort qu'il trouva dans les flots.

ÉLECTRE.

Se peut-il qu'en regrets votre cœur se consume?
Ah! seigneur, laissez-moi jouir sans amertume

Du plaisir de revoir un frere tant aimé.
Quel entretien pour moi! que mon cœur est charmé!
J'oublie en vous voyant qu'ailleurs peut-être on m'aime;
J'oublie auprès de vous jusques à l'amant même :
Surmontez, comme moi, ce penchant trop flatteur
Qui semble malgré vous entraîner votre cœur.
Quel que soit votre amour, les traits d'Iphianasse
N'ont rien de si charmant que la vertu n'efface.

ORESTE.

La vertu sur mon cœur n'a que trop de pouvoir,
Ma sœur, et mon nom seul suffit à mon devoir.
Non, ne redoutez rien du feu qui me possede.
On vient; séparons-nous.

SCENE III.

ORESTE, ÉLECTRE, PALAMEDE, ANTÉNOR.

ORESTE, *à Électre.*
        Mais non, c'est Palamede.

PALAMEDE.

Anténor, demeurez; observez avec soin
Que de notre entretien quelqu'un ne soit témoin.

SCENE IV.

ÉLECTRE, PALAMEDE, ORESTE.

ORESTE.

Vous revoyez, ma sœur, cet ami si fidele
Dont nos malheurs, les temps, n'ont pu lasser le zele.
ÉLECTRE, *à Palamede.*
Qu'avec plaisir, seigneur, je revois aujourd'hui
D'un sang infortuné le généreux appui!
Ne soyez point surpris; attendri par mes larmes,
Mon frere a dissipé mes mortelles alarmes:
De cet heureux secret mon cœur est éclairci.
PALAMEDE.
Je rends graces au ciel qui vous rejoint ici.
Oreste m'est témoin avec quelle tendresse
J'ai déploré le sort d'une illustre princesse,
Avec combien d'ardeur j'ai toujours souhaité
Le bienheureux instant de votre liberté.
Je vous rassemble enfin, famille infortunée,
A des malheurs si grands trop long-temps condamnée:
Qu'il m'est doux de vous voir où régnoit autrefois
Ce pere vertueux, ce chef de tant de rois,
Que fit périr le sort trop jaloux de sa gloire!
O jour, que tout ici rappelle à ma mémoire,

Jour cruel, qu'ont suivi tant de jours malheureux,
Lieux terribles, témoins d'un parricide affreux,
Retracez-nous sans cesse un spectacle si triste!
Oreste, c'est ici que le barbare Égisthe,
Ce monstre détesté, souillé de tant d'horreurs,
Immola votre pere à ses noires fureurs.
Là, plus cruelle encor, pleine des Euménides,
Son épouse sur lui porta ses mains perfides;
C'est ici que, sans force et baigné dans son sang,
Il fut long-temps traîné le couteau dans le flanc;
Mais c'est là que, du sort lassant la barbarie,
Il finit dans mes bras ses malheurs et sa vie.
C'est là que je reçus, impitoyables dieux!
Et ses derniers soupirs et ses derniers adieux.
« A mon triste destin puisqu'il faut que je cede,
« Adieu, prends soin de toi; fuis, mon cher Palamede;
« Cesse de m'immoler d'odieux ennemis:
« Je suis assez vengé, si tu sauves mon fils.
« Va, de ces inhumains sauve mon cher Oreste;
« C'est à lui de venger une mort si funeste ».
Vos amis sont tout prêts; il ne tient plus qu'à vous;
Une indigne terreur ne suspend plus leurs coups;
Chacun à votre nom et s'excite et s'anime;
On n'attend pour frapper que vous et la victime.
    (*à Électre.*)
De votre part, madame, on croit que votre cœur

Voudra bien seconder une si noble ardeur.
C'est parmi les flambeaux d'un coupable hyménée
Que le tyran doit voir trancher sa destinée.
Princesse, c'est à vous d'assurer nos projets;
Flattez-le d'un hymen si doux à ses souhaits:
C'est sous ce faux espoir qu'il faut que votre haine
Au temple où je l'attends ce jour même l'entraîne.
Mais en flattant ses vœux dissimulez si bien
Que de tous nos desseins il ne soupçonne rien.

ÉLECTRE.

L'entraîner aux autels! ah! projet qui m'accable!
Itys y périroit; Itys n'est point coupable.

PALAMEDE.

Il ne l'est point, grands dieux! né du sang dont il sort,
Il l'est plus qu'il ne faut pour mériter la mort.
Juste ciel! est-ce ainsi que vous vengez un pere?
L'un tremble pour la sœur, et l'autre pour le frere.
L'amour triomphe ici! quoi! dans ces lieux cruels
Il fera donc toujours d'illustres criminels?
Est-ce donc sur des cœurs livrés à la vengeance
Qu'il doit un seul moment signaler sa puissance?
Rompez l'indigne joug qui vous tient enchaînés;
Eh! l'amour est-il fait pour les infortunés?
Il a fait les malheurs de toute votre race;
Jugez si c'est à vous d'oser lui faire grace.
Songez, pour mieux domter le feu qui vous surprend,

Que le crime qui plaît est toujours le plus grand ;
Faites voir qu'un grand cœur que l'amour peut séduire
Ne manque à son devoir que pour mieux s'en instruire :
Ne vous attirez point le reproche honteux
D'avoir pu mériter d'être si malheureux.
Peut-être sans l'amour seriez-vous plus séveres :
Vous savez sur les fils si l'on poursuit les peres.
Songez, si le supplice en est trop odieux,
Que c'est du moins punir à l'exemple des dieux.
Mais je vois que l'honneur, qui vous en sollicite,
De nos amis en vain rassemble ici l'élite :
C'en est fait, de ce pas je vais les disperser,
Et conserver ce sang que vous n'osez verser.
En effet, que m'importe à moi de le répandre ?
Ce n'est point malgré vous que je dois l'entreprendre.
Pour venger vos affronts j'ai fait ce que j'ai pu ;
Mais vous n'avez point fait ce que vous avez dû.

ÉLECTRE.

Ah ! seigneur, arrêtez, remplissez ma vengeance ;
Je sens de vos soupçons que ma vertu s'offense :
Percez le cœur d'Itys ; mais respectez le mien ;
Il n'est point retenu par un honteux lien ;
Et quoique ma pitié fasse, pour le défendre,
Tout ce qu'eût fait l'amour sur le cœur le plus tendre,
Ce feu, ce même feu dont vous me soupçonnez,
Loin d'arrêter, seigneur...

PALAMEDE.

Madame, pardonnez.
J'ai peut-être à vos yeux poussé trop loin mon zele;
Mais tel est de mon cœur l'empressement fidele.
Je ne hais point Itys; et sa fiere valeur
Pourra seule aujourd'hui faire tout son malheur.
Oreste est généreux; il peut lui faire grace,
J'y consens: mais d'Itys vous connoissez l'audace;
Il défendra le sang qu'on va faire couler;
Cependant il nous faut périr ou l'immoler;
Et ce n'est qu'aux autels qu'avec quelque avantage
On peut jusqu'au tyran espérer un passage:
La garde qui le suit, trop forte en ce palais,
Rend le combat douteux, encor plus le succès,
Puisque votre ennemi pourroit encor sans peine,
Quoique vaincu, sauver ses jours de votre haine:
Mais ailleurs, malgré lui par la foule pressé,
Vous le verrez bientôt à vos pieds renversé.

ORESTE.

Venez, seigneur, venez; si l'amour est un crime,
Vous verrez que mon cœur en est seul la victime;
Qu'il peut bien quelquefois toucher les malheureux,
Mais qu'il est sans pouvoir sur les cœurs généreux.

PALAMEDE.

Il est vrai, j'ai tout craint du feu qui vous anime,
Mais j'ai tout espéré d'un cœur si magnanime;

Et je connois trop bien le sang d'Agamemnon
Pour soupçonner qu'Oreste en démente le nom.
Mon cœur, quoiqu'alarmé des sentiments du vôtre,
N'en présumoit pas moins et de l'un et de l'autre.
Si de votre vertu mon cœur a pu douter,
Mes soupçons n'ont servi qu'à la faire éclater.
Mais, pour mieux signaler ce que j'en dois attendre,
Après moi chez Arcas, seigneur, daignez vous rendre :
Vous me verrez bientôt expirer à vos yeux,
Ou venger d'un cruel, vous, Électre, et les dieux.

SCENE V.

ORESTE, ÉLECTRE.

ORESTE.

Adieu, ma sœur; calmez la douleur qui vous presse :
Vous savez à vos pleurs si mon cœur s'intéresse.

ÉLECTRE.

Allez, seigneur, allez; vengez tous nos malheurs,
Et que bientôt le ciel vous redonne à mes pleurs.

FIN DU QUATRIEME ACTE.

ACTE CINQUIEME.

SCENE PREMIERE.

ÉLECTRE.

Tandis qu'en ce palais mon hymen se prépare,
Dieux! quel trouble secret de mon ame s'empare!
Le sévere devoir qui m'y fait consentir
Est-il sitôt suivi d'un honteux repentir?
Croirai-je qu'un amour proscrit par tant de larmes
Puisse encor me causer de si vives alarmes?
Non, ce n'est point l'amour; l'amour seul dans un cœur
Ne pourroit exciter tant de trouble et d'horreur:
Non, ce n'est point un feu dont ma fierté s'irrite.
Ah! si ce n'est l'amour, qu'est-ce donc qui m'agite?
Un amour si long-temps sans succès combattu
Voudroit-il d'aujourd'hui respecter ma vertu?
Festins cruels, et vous criminelles ténebres,
Plaintes d'Agamemnon, cris perçants, cris funebres,

Sang que j'ai vu couler, pitoyables adieux,
Soyez à ma fureur plus qu'Oreste et les dieux!
Échauffez des transports que mon devoir anime;
Peignez à mon amour un héros magnanime...
Non, ne me peignez rien; effacez seulement
Les traits trop bien gravés d'un malheureux amant,
D'une injuste fierté trop constante victime,
Dont un pere inhumain fait ici tout le crime,
Toujours prêt à défendre un sang infortuné
Aux caprices du sort long-temps abandonné.
On vient. Hélas! c'est lui: que mon ame éperdue
S'attendrit et s'émeut à cette chere vue!
Dieux, qui voyez mon cœur dans ce triste moment,
Ai-je assez de vertu pour perdre mon amant?

SCENE II.

ÉLECTRE, ITYS.

ITYS.

Pénétré d'un malheur où mon cœur s'intéresse,
M'est-il enfin permis de revoir ma princesse?
Si j'en crois les apprêts qui se font en ces lieux,
Je puis donc, sans l'aigrir, m'offrir à ses beaux yeux?
Quelque prix qu'on prépare au feu qui me dévore,
Malgré tout mon espoir, que je les crains encore!

ACTE V, SCENE II.

Dieux! se peut-il qu'Électre, après tant de rigueurs,
Daigne choisir ma main pour essuyer ses pleurs?
Est-ce elle qui m'éleve à ce comble de gloire?
Mon bonheur est si grand que je ne le puis croire.
Ah! madame, à qui dois-je un bien si doux pour moi?
Amour, fais, s'il se peut, qu'il ne soit dû qu'à toi!
Électre, s'il est vrai que tant d'ardeur vous touche,
Confirmez notre hymen d'un mot de votre bouche;
Laissez-moi dans ces yeux, de mon bonheur jaloux,
Lire au moins un aveu qui me fait votre époux.
Quoi! vous les détournez! Dieux! quel affreux silence!
Ma princesse, parlez; vous fait-on violence?
De tout ce que je vois que je me sens troubler!
Ah! ne me cachez point vos pleurs prêts à couler:
Confiez à ma foi le secret de vos larmes,
N'en craignez rien; ce cœur, quoiqu'épris de vos charmes,
N'abusera jamais d'un pouvoir odieux.
Madame, par pitié, tournez vers moi les yeux.
C'en est trop: je pénetre un mystere funeste;
Vous cédez au destin qui vous enleve Oreste;
Vous croyez désormais que pour vous aujourd'hui
L'univers tout entier doit périr avec lui.
Votre cœur cependant, à sa haine fidele,
Accablé des rigueurs d'une mere cruelle,
Au moment que je crois qu'il s'attendrit pour moi,
M'abhorre, et ne se rend qu'aux menaces du roi.

ÉLECTRE.

Fils d'Égisthe, reviens d'un soupçon qui me blesse;
Électre ne connoît ni crainte ni foiblesse;
Son cœur, dont rien ne peut abaisser la fierté,
Même au milieu des fers agit en liberté.
Quelque appui que le sort m'enleve dans mon frere,
Je crains plus tes vertus que les fers ni ton pere.
Ne crois pas qu'un tyran pour toi puisse en ce jour
Ce que ne pourroit pas ou l'estime ou l'amour.
Non, quel que soit le sang qui coule dans tes veines,
Je ne t'impute rien de l'horreur de mes peines.
Je ne puis voir en toi qu'un prince généreux,
Que, de tout mon pouvoir, je voudrois rendre heureux.
Non, je ne te hais point; je serois inhumaine
Si je pouvois payer tant d'amour de ma haine.

ITYS.

Je ne suis point haï! comblez donc tous les vœux
Du cœur le plus fidele et le plus amoureux.
Vous n'avez plus de haine! eh bien! qui vous arrête?
Les autels sont parés, et la victime est prête.
Venez, sans différer, par des nœuds éternels,
Vous unir à mon sort aux pieds des immortels.
Égisthe doit bientôt y conduire la reine;
Souffrez que sur leurs pas mon amour vous entraîne:
On n'attend plus que vous.

ACTE V, SCENE II.

ÉLECTRE, *à part.*

On n'attend plus que moi !
Dieux cruels ! que ce mot redouble mon effroi !
(*haut.*)
Quoi ! tout est prêt, seigneur ?

ITYS.

Oui, ma chere princesse *.

ÉLECTRE.

Hélas !

ITYS.

Ah ! dissipez cette sombre tristesse.
Vos yeux d'assez de pleurs ont arrosé ces lieux ;
Livrez-vous à l'époux que vous offrent les dieux.
Songez que cet hymen va finir vos miseres,
Qu'il vous fait remonter au trône de vos peres,
Que lui seul peut briser vos indignes liens,
Et terminer les maux qui redoublent les miens.
Le plus grand de mes soins, dans l'ardeur qui m'anime,
Est de vous arracher au sort qui vous opprime.
Mycenes vous déplaît ; eh bien ! j'en sortirai ;
Content du nom d'époux, par-tout je vous suivrai :

---

* *Oui, ma chere princesse*, est conforme au manuscrit de la comédie françoise. On trouve dans l'édition du Louvre, 1750, *in*-4°, *Oui, divine princesse.*

Trop heureux, pour tout prix du feu qui me consume,
Si je puis de vos pleurs adoucir l'amertume!
Aussi touché que vous du destin d'un héros...

ÉLECTRE.

Hélas! que ne fait-il le plus grand de mes maux!
Et que ce triste hymen où ton amour aspire...
Cet hymen... Non, Itys, je ne puis y souscrire.
J'ai promis; cependant je ne puis l'achever.
Ton pere est aux autels, je m'en vais l'y trouver:
Attends-moi dans ces lieux.

ITYS.

     Et vous êtes sans haine?
Aux autels! quoi! sans moi! Demeurez, inhumaine;
Demeurez, ou plutôt d'un amant odieux
Ma main fera couler tout le sang à vos yeux.
Vous gardiez donc ce prix à ma persévérance?

ÉLECTRE.

Ah! plus tu m'attendris, moins notre hymen s'avance.

ITYS, *se jetant à ses genoux.*

Quoi! vous m'abandonnez à mes cruels transports?

ÉLECTRE.

Que fais-tu, malheureux? laisse-moi mes remords:
Leve-toi; ce n'est point la haine qui me guide.

SCENE III.

ÉLECTRE, ITYS, IPHIANASSE.

IPHIANASSE.
Que faites-vous, mon frere, aux pieds d'une perfide?
On assassine Égisthe; et, sans un prompt secours,
D'une si chere vie on va trancher le cours.
ITYS.
On assassine Égisthe! ah! cruelle princesse!

SCENE IV.

ÉLECTRE, IPHIANASSE.

ÉLECTRE, *à elle-même.*
Quoi! malgré la pitié qui pour toi m'intéresse,
Ta mort de tant d'amour va donc être le fruit!
Je n'ai pu t'arracher au sort qui te poursuit,
Prince trop généreux!
IPHIANASSE.
                 Cessez, cessez de feindre,
Ingrate; c'est plutôt l'insulter que le plaindre.
La pitié vous sied bien, au moment que c'est vous
Qui le faites tomber sous vos barbares coups!

J'entends par-tout voler le nom de votre frere.
Quel autre que ce traître, ennemi de mon pere...

ÉLECTRE.

Respectez un héros qui ne fait en ces lieux
Que son devoir, le mien, et que celui des dieux.
Le crime n'a que trop triomphé dans Mycene,
Il est temps qu'un barbare en reçoive la peine;
Qu'il éprouve ces dieux qu'il bravoit, l'inhumain!
Quoique lents à punir, ils punissent enfin.
Si le ciel indigné n'eût hâté son supplice,
Il eût fait à la fin soupçonner sa justice.
Entendez-vous ces cris, et ce tumulte affreux,
Ce bruit confus de voix de tant de malheureux?
Tels furent les apprêts de ce festin impie
Qu'Égisthe par sa mort dans ce moment expie.
Mais ce que j'ai souffert de nos cruels malheurs
M'apprend, en les vengeant, à respecter vos pleurs.
Je ne vous offre point une pitié suspecte;
Un intérêt sacré veut que je les respecte.
Vous insultiez mon frere, et ma juste fierté
Avec trop de rigueur a peut-être éclaté.
D'ailleurs, c'est un héros que vous devez connoître;
A vos yeux, comme aux miens, tel il a dû paroître.

SCENE V.

ÉLECTRE, IPHIANASSE, ARCAS.

ARCAS.

Madame, c'en est fait; tout cede à nos efforts;
Ce palais se remplit de mourants et de morts.
Vous savez qu'aux autels notre chef intrépide
Devoit d'Agamemnon punir le parricide;
Mais les soupçons d'Égisthe, et des avis secrets,
Ont hâté ce grand jour si cher à nos souhaits.
Oreste regne enfin; ce héros invincible
Semble armé de la foudre en ce moment terrible.
Tout fuit à son aspect, ou tombe sous ses coups :
De longs ruisseaux de sang signalent son courroux.
J'ai vu prêt à périr le fier Itys lui-même
Désarmé par Oreste en ce désordre extrême.
Ce prince au désespoir, cherchant le seul trépas,
Portant par-tout la mort, et ne la trouvant pas,
A son pere peut-être eût ouvert un passage;
Mais sa main désarmée a trompé son courage.
Ainsi, de ses exploits interrompant le cours,
Le sort, malgré lui-même, a pris soin de ses jours.
Oreste, qu'irritoit une fureur si vaine,
A sa valeur bientôt fait tout céder sans peine.

J'ai cru de ce succès devoir vous avertir.
De ces lieux cependant gardez-vous de sortir,
Madame; la retraite est pour vous assurée,
Des amis affidés en défendent l'entrée :
Votre ennemi d'ailleurs, au gré de vos desirs,
Aux pieds de son vainqueur rend les derniers soupirs.

IPHIANASSE.

O mon pere! à ta mort je ne veux point survivre :
Je ne puis la venger, je vais du moins te suivre.

(*à Électre.*)

Cruelle, redoutez, malgré tout mon malheur,
Que l'amour n'arme encor pour moi plus d'un vengeur.

SCENE VI.

ORESTE, ÉLECTRE, IPHIANASSE, ARCAS,
GARDES.

ORESTE.

Amis, c'en est assez; qu'on épargne le reste;
Laissez, laissez agir la clémence d'Oreste :
Je suis assez vengé.

IPHIANASSE.

    Dieux! qu'est-ce que je vois?
Sort cruel, c'en est fait; tout est perdu pour moi :
Celui que j'implorois est Oreste.

ORESTE.

                    Oui, madame,
C'est lui, c'est ce guerrier, que la plus vive flamme
Vouloit en vain soustraire aux devoirs de ce nom,
Et qui vient de venger le sang d'Agamemnon.
Quel que soit le courroux que ce nom vous inspire,
Mon devoir parle assez, je n'ai rien à vous dire;
Votre pere en ces lieux m'avoit ravi le mien.

IPHIANASSE.

Oui; mais je n'eus point part à la perte du tien.
                    (*elle sort.*)

SCENE VII.

ORESTE, ÉLECTRE, PALAMEDE, ARCAS,
GARDES.

ORESTE, *à ses gardes.*

Suivez-la. Dieux! quels cris se font encore entendre!
D'un trouble affreux mon cœur a peine à se défendre.
Palamede, venez rassurer mes esprits.
Que vous calmez l'horreur qui les avoit surpris!
Ami trop généreux, mon défenseur, mon pere,
Ah! que votre présence en ce moment m'est chere!
Quel triste et sombre accueil! Seigneur, qu'ai-je donc fait?
Vos yeux semblent sur moi ne s'ouvrir qu'à regret.

N'ai-je pas assez loin étendu la vengeance?

PALAMEDE.

On la porte souvent bien plus loin qu'on ne pense.
Oui, vous êtes vengé; les dieux le sont aussi;
Mais, si vous m'en croyez, éloignez-vous d'ici.
Ce palais n'offre plus qu'un spectacle funeste;
Ces lieux, souillés de sang, sont peu dignes d'Oreste.
Suivez-moi l'un et l'autre.

ORESTE.

Ah! que vous me troublez!
Pourquoi nous éloigner? Palamede, parlez.
Craint-on quelque transport de la part de la reine?

PALAMEDE.

Non, vous n'avez plus rien à craindre de sa haine.
De son triste destin laissez le soin aux dieux:
Mais, pour quelques moments, abandonnez ces lieux;
Venez.

ORESTE.

Non, non; ce soin cache trop de mystere;
Je veux en être instruit: parlez, que fait ma mere?

PALAMEDE.

Eh bien! un coup affreux...

ORESTE.

Ah dieux! quel inhumain
A donc jusque sur elle osé porter la main?
Qu'a donc fait Anténor, chargé de la défendre?

Et comment, et par qui s'est-il laissé surprendre?
Ah! j'atteste les dieux que mon juste courroux...
PALAMEDE.
Ne faites point, seigneur, de serment contre vous.
ORESTE.
Qui? moi! j'aurois commis une action si noire!
Oreste parricide! ah! pourriez-vous le croire?
De mille coups plutôt j'aurois percé mon sein.
Juste ciel! et qui peut imputer à ma main...?
PALAMEDE.
J'ai vu, seigneur, j'ai vu; ce n'est point l'imposture
Qui vous charge d'un coup dont frémit la nature.
De vos soins généreux plus irritée encor,
Clytemnestre a trompé le fidele Anténor;
Et, remplissant ces lieux et de cris et de larmes,
S'est jetée à travers le péril et les armes.
Au moment qu'à vos pieds son parricide époux
Étoit près d'éprouver un trop juste courroux,
Votre main redoutable alloit trancher sa vie:
Dans ce fatal instant la reine l'a saisie.
Vous, sans considérer qui pouvoit retenir
Une main que les dieux armoient pour le punir,
Vous avez d'un seul coup, qu'ils conduisoient peut-être,
Fait couler tout le sang dont ils vous firent naître.
ORESTE.
Sort, ne m'as-tu tiré de l'abîme des flots

ÉLECTRE.
Que pour me replonger dans ce gouffre de maux;
Pour me faire attenter sur les jours de ma mere?

SCENE VIII.

CLYTEMNESTRE, ORESTE, ÉLECTRE, PALAMEDE, ARCAS, ANTÉNOR, MÉLITE, GARDES.

ORESTE.
Elle vient: quel objet! où fuirai-je?
ÉLECTRE.
Ah, mon frere!
CLYTEMNESTRE.
Ton frere! quoi! je meurs de la main de mon fils!
Dieux justes! mes forfaits sont-ils assez punis?
Je ne te revois donc, fils digne des Atrides,
Que pour trouver la mort dans tes mains parricides?
Jouis de tes fureurs, vois couler tout ce sang
Dont le ciel irrité t'a formé dans mon flanc.
Monstre, que bien plutôt forma quelque Furie,
Puisse un destin pareil payer ta barbarie!
Frappe encor, je respire, et j'ai trop à souffrir
De voir qui je fis naître, et qui me fait mourir:
Acheve, épargne-moi le tourment qui m'accable.

ACTE V, SCENE VIII.

ORESTE.

Ma mere !

CLYTEMNESTRE.

Quoi ! ce nom qui te rend si coupable,
Tu l'oses prononcer ! N'affecte rien, cruel !
La douleur que tu feins te rend plus criminel.
Triomphe, Agamemnon, jouis de ta vengeance;
Ton fils ne dément point ton nom ni sa naissance.
Pour l'en voir digne au gré de mes vœux et des tiens
Je lui laisse un forfait qui passe tous les miens.

SCENE IX.

ORESTE, ÉLECTRE, PALAMEDE, ANTÉNOR, ARCAS, GARDES.

ORESTE.

Frappez, dieux tout-puissants que ma fureur implore :
Dieux vengeurs, s'il en est puisque je vis encore,
Frappez; mon crime affreux ne regarde que vous.
Le ciel n'a-t-il pour moi que des tourments trop doux ?
Je vois ce qui retient un courroux légitime :
Dieux, vous ne savez point comme on punit mon crime.

ÉLECTRE.

Ah, mon frere ! calmez cette aveugle fureur.

ÉLECTRE.

N'ai-je donc pas assez de ma propre douleur?
Voulez-vous me donner la mort, mon cher Oreste?
ORESTE.
Ah! ne prononcez plus ce nom que je déteste.
Et toi, que fait frémir mon aspect odieux,
Nature, tant de fois outragée en ces lieux,
Je viens de te venger du meurtre de mon pere:
Mais qui te vengera du meurtre de ma mere?
Ah! si pour m'en punir le ciel est sans pouvoir,
Prêtons-lui les fureurs d'un juste désespoir.
O dieux! que mes remords, s'il se peut, vous fléchissent!
Que mon sang, que mes pleurs, s'il se peut, t'attendrissent,
Ma mere! vois couler...
(*il veut se tuer.*)
PALAMEDE, *le désarmant.*
Ah, seigneur!
ORESTE.
Laisse-moi.
Je ne veux rien, cruel, d'Électre ni de toi:
Votre cœur, affamé de sang et de victimes,
M'a fait souiller ma main du plus affreux des crimes.
Mais quoi! quelle vapeur vient obscurcir les airs?
Grace au ciel, on m'entr'ouvre un chemin aux enfers;
Descendons: les enfers n'ont rien qui m'épouvante;
Suivons le noir sentier que le sort me présente;
Cachons-nous dans l'horreur de l'éternelle nuit.

ACTE V, SCENE IX.

Quelle triste clarté dans ce moment me luit?
Qui ramene le jour dans ces retraites sombres?
Que vois-je? mon aspect épouvante les ombres!
Que de gémissements! que de cris douloureux!
« Oreste! » Qui m'appelle en ce séjour affreux?
Égisthe! ah! c'en est trop; il faut qu'à ma colere...
Que vois-je? dans ses mains la tête de ma mere!
Quels regards! où fuirai-je? Ah, monstre furieux!
Quel spectacle oses-tu présenter à mes yeux!
Je ne souffre que trop: monstre cruel, arrête;
A mes yeux effrayés dérobe cette tête.
Ah, ma mere! épargnez votre malheureux fils.
Ombre d'Agamemnon, sois sensible à mes cris;
J'implore ton secours, chere ombre de mon pere;
Viens défendre ton fils des fureurs de sa mere;
Prends pitié de l'état où tu me vois réduit.
Quoi! jusque dans tes bras la barbare me suit!
C'en est fait; je succombe à cet affreux supplice.
Du crime de ma main mon cœur n'est point complice;
J'éprouve cependant des tourments infinis.
Dieux! les plus criminels seroient-ils plus punis?

FIN D'ÉLECTRE.

TABLE DES PIECES

CONTENUES

DANS LE PREMIER VOLUME.

Notice sur Crébillon.	pag.	v
Épître au roi, sur l'édition du Louvre.		xxj
Préface de l'auteur.		xxiij
Idoménée, tragédie.		1
A S. A. S. Monseigneur le Duc.		3
Atrée et Thyeste, tragédie.		91
Préface.		93
Électre, tragédie.		181
Préface.		183

FIN DU PREMIER VOLUME.

www.ingramcontent.com/pod-product-compliance
Lightning Source LLC
Chambersburg PA
CBHW071503160426
43196CB00010B/1394